本书由河北省社会基金项目 HB22YY011 "汉英日存在句与领有句之概念—构式界面语义研究" 资助出版

类型学视野下的存在句与领有句

张睿佳◎著

吉林出版集团股份有限公司
全国百佳图书出版单位

图书在版编目（CIP）数据

类型学视野下的存在句与领有句 / 张睿佳著 . -- 长
春 : 吉林出版集团股份有限公司 , 2024.3

ISBN 978-7-5731-4806-3

Ⅰ . ①类… Ⅱ . ①张… Ⅲ . ①汉语—句法—研究
Ⅳ . ① H146.3

中国国家版本馆 CIP 数据核字（2024）第 079084 号

类型学视野下的存在句与领有句
LEIXINGXUE SHIYE XIA DE CUNZAIJU YU LINGYOUJU

著　　者	张睿佳	
责任编辑	宋巧玲	
封面设计	李　伟	
开　　本	710mm×1000mm	1/16
字　　数	178 千	
印　　张	10.75	
版　　次	2024 年 8 月第 1 版	
印　　次	2024 年 8 月第 1 次印刷	
印　　刷	天津和萱印刷有限公司	

出　　版	吉林出版集团股份有限公司
发　　行	吉林出版集团股份有限公司
地　　址	吉林省长春市福祉大路 5788 号
邮　　编	130000
电　　话	0431-81629968
邮　　箱	11915286@qq.com
书　　号	ISBN 978-7-5731-4806-3
定　　价	65.00 元

前　言

　　本书在认知语法的框架内提出"概念—构式界面语义研究法"，使用这一语义研究法对汉语与日语中的存在句与领有句进行深入探讨，并在此基础上对汉语与日语存在句与领有句中的三个语言现象的动因做出基于语义本质的清晰解释。这三个语言现象为主语身份模糊现象、定指效应现象、显性非宾格现象。

　　概念—构式界面语义研究法是将句子的语义分为概念层面与构式层面两部分，对二者之间的交互影响进行研究。与现有的句法语义界面研究、句法语篇界面研究、句法语用界面研究等不同，其本质区别在于概念—构式界面研究法中的概念层面与构式层面都是语义层面，没有纯粹的句法层面。这是因为认知语法认为任何语法都是源于语义的，句法表征现象在本质上也是基于语义的。本书正是通过语义分析来解释句法现象。

　　概括来说，日语中用来表达存在与领有概念的基本构式为存在构式，汉语中用来表达存在与领有概念的基本构式为领有构式。这样一来，在日语中，领有概念与存在构式之间存在语义上的差异，因此二者之间会产生交互影响，表现为领有句中出现一些特定的语言现象，如主语身份模糊、定指效应等；在汉语中，存在概念与领有构式之间会产生交互影响，表现为存在句中出现一些特定的语言现象，如主语身份模糊、定指效应、显性非宾格等。

　　通过概念—构式界面语义研究法对日语与汉语中存在句与领有句的分析，本书针对以上三个现象，得出以下结论：

　　第一，主语身份模糊现象。如果概念义与构式义之间的射体身份存在冲突，那么，在概念义与构式义融合形成最终句义的过程中，双方参与者都获得了一定程度的突显，表现在语法上为双主语现象。这里的双主语不是大小的区别，也不是小句层次与谓语层次的区别，而是概念层次与构式层次的区别。

　　第二，定指效应现象。定指效应是领有关系中固有的语义特征。这一特征既可能存在于概念义中，也可能存在于构式义中，只要概念与构式中有一方表示领有义，则最终的句子将会表现出定指效应。汉语中用领有构式表示存在概念与领有概念，由于构式义是表示领有的，因此存在句与领有句中均体现出定指效应；日语中用存在构式表示存在概念与领有概念，由于存在句的概念义与构式义均不是表示领有的，因此日语的存在句中不体现定指效应，领有句的构式义虽然是表示存在的，但是概念义是表示领有的，因此日语的领有句中体现定指效应。

第三，显性非宾格现象。显性非宾格现象的本质是用领有构式来表达存在概念所导致的存在句分化现象。在汉语中，领有构式用来表达存在概念，由于概念义与构式义之间的交互影响，导致汉语的存在句产生了分化：虚拟物体的存在与实在物体的存在，这就是存在句中的显性非宾格现象。前者用"有"构式表达，概念义与构式义之间产生交互影响，导致了主语身份模糊现象与定指效应现象；后者用"在"构式表达，概念义与构式义之间没有交互影响。

领有构式与存在概念扩展后，"扩展了的领有构式"用来表达"扩展了的存在概念"，同样由于概念义与构式义之间的交互影响，存现句产生了分化：虚拟物体的存在状态或状态变化与实在物体的存在状态或状态变化。前者用"扩展了的领有构式"表达，概念义与构式义之间发生交互影响，后者概念义与构式义之间没有交互影响。

在日语中，用来表达存在概念的是存在构式，两者之间没有交互影响，因此没有存在句的分化，同样"扩展了的存在概念"由"扩展了的存在构式"进行表达，两者之间没有交互影响，这就是日语中没有显性非宾格现象的原因。

另外，在汉语中，与显性非宾格现象紧密相关的非宾格理论中，非宾格动词与非作格动词之间的本质区别不是自主性的有无，自主性的有无是由存现句构式决定的，与动词的种类无关。非宾格动词与非作格动词之间本质的区别在于其词汇义是否要求一个方位短语做间接宾语。有方位短语做间接宾语的动词，方位短语可以位于句首；没有方位短语做间接宾语的动词，方位短语无法位于句首。前者即非宾格动词，后者即非作格动词。

目　录

序 章

第一节　问题缘起

"存在"与"领有"是语言学研究领域中的一项重要课题。"存在"与"领有"之间的密切关系也被大家广泛认知，如汉语中的动词"有"与日语中的动词「ある / いる」都可以表达"存在"与"领有"两种语义。然而，在研究存在句和领有句中的一些特殊语言现象时，却鲜有从二者之间的关系这一角度来进行探讨的。这类语言现象有主语身份模糊现象、定指效应现象以及显性非宾格现象。这一节先简要介绍其中的一种——定指效应（definiteness effect）现象。

"定指效应"是指在英语的 there 句中核心名词不能是定指名词的现象，如例句 1（a）。汉语中也有类似的现象，如例句 1（b）。

例句 1：

（a）There is a man/*①the man in the garden.（Belletti1988：3）

（b）桌上有一本书 /* 桌上有那本书。（Huang1987）

大部分学者认为这是存在句特有的一种语言现象，并从语义与句法两方面进行了探讨。从语义角度进行的研究有 Milsark（1974，1977）、Hawkins（1978，1991）、Enc（1991）、Hu&Pan（2007）等；从句法角度进行的研究有 Safir（1982，1985，1987）、Lyons（1999）、Huang（1987）、Belletti（1988）等。无论哪种角度，都是单独围绕"存在"进行的探讨，很少提及这一现象与"领有"之间的关系。

有一些语言学家发现，从类型学的视角出发，一些语言中是有反例存在的。日语便是其中的一种，如例句 2。有趣的是，日语中的存在句虽然没有表现出定指效应，但是领有句中却表现出了这一现象，如例句 3。那么，定指效应是否与

---

① 本书中的 * 号表示该例句为病例。

领有句也有关系呢？ Partee（2004）、Landman（2004）等指出，英语领有句中也存在定指效应，如例句4。同样，我们熟知的汉语领有句也不例外，如例句5。

例句2：机の上に｛私の／あらゆる／すべての｝本がある。（影山2011：264）

例句3：＊私には｛ほとんどの／すべての｝おじさんがいる。（影山2011：265）

例句4：＊John has｛his sister/the sister/all the sisters｝.（Partee2004：282）

例句5[1]：＊张三有｛所有的／那个｝叔叔。

既然定指效应不是存在句特有的语言现象，那么我们应该如何看待存在句与领有句二者中的定指效应分布问题呢？ "存在"与"领有"之间的关系应当在什么样的界面上进行分析，它们之间的密切关系又是如何影响定指效应现象分布的？ 带着这些疑问，本书在认知语法的框架内提出概念—构式界面语义研究法，通过这一方法清晰地展现"领有"与"存在"之间错综复杂的关系，并在此基础上对汉语与日语中领有句与存在句中特有的语言现象做出全新、基于语义本质的解释。

第二节　研究目的与对象

一、研究目的

本书旨在解决以下问题：

（一）第一个问题

提出概念—构式界面语义研究法，并论述这一语义研究方法的内容及应用方向。

（二）第二个问题

以汉语与日语中的存在句与领有句为中心，用概念—构式界面语义研究法对"存在"与"领有"之间的关系进行深入探讨。

---

① 作者自创例句。

（三）第三个问题

通过对"存在"与"领有"之间关系的探讨，从语义本质上对以下语言现象出现的动因做出清晰的解释。

第一，主语身份模糊现象。

第二，定指效应现象。

第三，显性非宾格现象。

以上三种语言现象都与"存在""领有"之间的联系密切相关。虽然这些现象表面上看似只出现在存在句（或领有句）中，实际上，如果脱离了对"存在""领有"之间关系的论述，是无法对这些现象出现的动因做出本质解释的。此外，这三种语言现象之间也不是独立存在的，而是互相关联的，形成了一个有机的整体。尤其是对第三种现象的解释需要以对第一种现象与第二种现象的解释为基础。

二、研究对象

本书以汉语与日语中的存在句与领有句为研究对象。

首先，汉语中的存在句形式多样。从谓语动词的语义上，可以分为两类：一类是由基本动词构成的存在句，这类存在句有"有"字存在句、"在"字句与"是"字句，如例句6、例句7、例句8。由于系动词"是"在本质上不是表示"存在"或"领有"的，因此，本书将讨论的中心限定在"有"字存在句与"在"字句上。

例句6：（章星老师）说："昨夜柑橘里有一封短信，信是用香烟里的锡纸卷着塞进柑橘里藏着的……"（王火《战争和人》）

例句7：蒋妈见他如此，笑道："大爷在哪儿？"金贵道："（大爷）在七爷屋子里。"（张恨水《金粉世家》）

例句8：我往那板车一望，有石灰，有两把刷墙的扫帚，上方搁着一个小方桌，方桌上是一个猪头。二喜手里还提着两瓶白酒。（余华《活着》）

另一类存在句是由其他具体动词构成的存在句，包括静态存在句与动态存在句，如例句9、例句10。存在句与隐现句构成存现句。隐现句表示物体的出现或消失，如例句11。

例句9：果然七八个人，围住一张桌子。正位上坐着一个人，口里衔着一根

假琥珀烟嘴，向上跷着，身子向后一仰，靠在椅子背上，静望着众人微笑。（张恨水《春明外史》）

例句 10：老几发现这回邓指的生活环境大有改善，三间平房一个小院，院里跑着一群鸡、蹦着几只兔子。（严歌苓《陆犯焉识》）

例句 11：（冯村）说："刚才，日本总领事馆来了一个人……"（王火《战争和人》）

汉语中的领有句也有多种形式。与存在句类似，领有句也可以分为两类：一类是基本动词"有"构成的领有句，如例句 12；另一类是由其他具体动词构成的领有句，如例句 13。前者为本书讨论的中心。

例句 12：还有，老人有很多钱，他的钱一分也不给外地的儿子，都给了小冷。（张炜《你在高原》）

例句 13："妻就是妻，她持有一张超越你的结婚证书，她是受到保护的，她不在乎，她是……"（林语堂《风声鹤唳》）

此外，与存现句对应，汉语中有一类句式称为"领主属宾句"。领主属宾句是由郭继懋（1990）首次提出的，是指这样一类句式："主语和宾语之间有比较稳定的'领有—隶属'关系，主语是'领有'的一方，宾语是'隶属'的一方；同时，句中的述语动词[①]（包括形容词）和主语没有直接的语义关系。"（郭继懋 1990：24）领主句表达的语义有"领有"及"得失"（参考沈家煊 2006、2009，任鹰 2009）。表示"领有"的领主属宾句即本书所说的领有句，表示"得失"的例子如下，其中例句 14 表"获得"义，例句 15 表"丧失"义。

例句 14：她摸摸嘴唇，无声地笑了。然后她低声说："我五，我嘴唇上长了胡子，我是'三大'，行了吧？放我过去吧？"（莫言《牛》）

例句 15：她是我们的远房亲戚。她死了父亲，境遇又很不好，说是要去"带发修行"。（巴金《家》）

其次，在日语中，表示"存在"与"领有"的句式也呈现多样化的趋势，本书将研究重点放在由基本动词构成的存在句与领有句上。日语中表示"存在"与"领有"的基本动词是「ある」「いる」。有关日语存在句与领有句的既往研究中，有一部分文献将领有句纳入存在句的范围，这类的代表性文献有金水（2002，2006）、西山（1994，2003）等，大致有以下几种类型：

---

① 这里说的"述语动词"即"谓语动词"。

例句 16：

（a）场所存在句：机の上にバナナがある。

（b）所在句：お母さんは、台所にいる。

（c）系动词所在句：お母さんは、台所です。

（d）指定所在句：その部屋に誰がいるの。洋子がいるよ。

（e）存现句[1]：おや、あんなところにリスがいるよ。

（f）实在句：ペガサスは存在しない。

（g）绝对存在句：太郎の好きな食べ物がある。

（h）领有句：山田先生には借金がある。

（i）准领有句：フランスに国王がいる。

（j）list 存在句：甲：母の世話をする人はいないよ。

乙：洋子と佐知子がいるじゃないか。

（金水 2002：476–477）

西山（1994，2003）从是否需要场所表达这一角度，将以上存在句分为两类：有场所表达类型（「場所表現を伴うタイプ」）（a—e）与无场所表达类型（「場所表現を伴わないタイプ」）（f—j）。金水（2002，2006）在谓语动词「ある」「いる」是否需要与ガ格名词保持一致这一角度上，将以上存在句分为：空间性存在句（「空間的存在文」）与限量性存在句（「限量的存在文」）。西山（1994，2003）与金水（2002，2006）的研究中所涉及的领有句与存在句的种类几乎相同，只是分类的标准有所区别。

此外，还有一些研究通过与英语的对比，将日语中的存在句与领有句划分为不同的两种类别，如岸本（2005）、影山（2011）等，以上句型基本上都属于本书考察的对象。本书将在第三章参考以上既往研究中的不同分类方法对日语中的存在句与领有句进行重新分类。其中，与汉语相同，由于系动词存在句 [例句 16（c）] 的谓语动词在本质上不是表示"存在"的，因此不是本书考察的重点对象。

---

[1] 这里的"存现句"是西山（2003）中所用的日文术语「存現文」，与汉语语言学界常说的"存现句"的所指不同。在本书中，如无特殊标注，则"存现句"是指表示存在、出现或消失的句子，而非这里的日文术语。

另外，由于本书以汉语与日语两种语言作为研究对象，因此与汉语中其他句式（含有具体动词的存现句与领主属宾句）对应的日语句式也被纳入本书的研究对象范围。这类句式有以下几类：

例句17：目の前の俺の布団の上に先ほどの猫が座っている。時計を見ると『丑三つ時』だよ。（Yahoo！ブログ）

例句18：前を小松が走っている。その前にいるのが望月だ。自転車のクランクはとんでもない回転数で回っている。（斎藤純『銀輪の覇者』）

例句19：海斗はマンガ本を読んでダラダラしていた。すると一部屋にマリアさんが来た。（落合ゆかり『黄昏の放課後』）

例句20：「お父さん、お母さん、お姉ちゃんがねえ、偉そうにヒゲを生やしたよ」「ヒゲを？！」「うん、お母さんみたいに、おへその下にヒゲを生やしたのよ」（藤本義一『大人になるとき読む本』）

例句21：彼女は災害で、夫と三人の子を亡くした。一時に訪れた悲しみに、心が耐え切れなかったのだ……（青山圭秀『最後の奇跡』）

例句17是汉语静态存在句对应句式，例句18是汉语动态存在句对应句式，例句19是汉语隐现句对应句式，例句20是汉语领主属宾句（表获得）对应句式，例句21是汉语领主属宾句（表丧失）对应句式。

第三节　研究综述

一、"存在"与"领有"之间的关系

一般认为，"存在"概念表示物理性的空间存在关系，包括两种类型：一种为"存在"，表示"某地存在某物"，如例句22；另一种为"所在"，表示"某物在某地"，如例句23。"领有"概念表示抽象的领属关系，典型的领属关系有"所有权关系"（可让渡）和"亲属关系"（不可让渡）等，如例句24、例句25。

例句22：

（a）（章星老师）说："昨夜柑橘里有一封短信，信是用香烟里的锡纸卷着塞

进柑橘里藏着的……"①（王火《战争和人》）

（b）（片山は）目の前に、死体があることにも、さほど恐怖を覚えなかった。（赤川次郎『三毛猫ホームズの歌劇場』）

例句23：

（a）蒋妈见他如此，笑道："大爷在哪儿？"金贵道："（大爷）在七爷屋子里。"（张恨水《金粉世家》）

（b）僕は、いまインパールの病院にいる。（中山義秀／火野葦平『昭和文学全集』）

例句24：

（a）还有，老人有很多钱，他的钱一分也不给外地的儿子，都给了小冷。（张炜《你在高原》）

（b）私には他に貯金や財産があるわけではないので、旅費は自分で稼がなければならない。（横見浩彦『乗った降りたJR四六〇〇駅』）

例句25：

（a）母亲因为自己有一个女儿，有些好奇的理由，专欢喜问人家到什么地方吃喜酒，看见些什么体面姑娘，看到些什么好嫁妆。（沈从文《三三》）

（b）その友人に子供がいるのが分かっている時点で、子連れで来る事を覚悟しますね。（Yahoo！知恵袋）

"存在"与"领有"虽然是一对不同的概念，但是不论在概念意义上，还是在语言形式上，它们之间都表现出十分密切的联系。

首先，在概念意义上，二者均表示两个事物之间的关系。"存在"概念表示"方位"与"存在物"之间的关系；"领有"表示"领有者"与"领有物"之间的关系。不同的是，前者表示具体的物理性关系，后者表示抽象的领属关系。这两种关系之间不是截然分开的，而是在具体与抽象这一维度上形成了一个连续统，处于这个连续统中间位置的事例，既表现出"存在"概念的一面，也表现出"领有"概念的一面。"整体—部分"关系便是一个典型的例子，如例句26。

例句26：

（a）我们租的房间有厨房，可是我们最初也包饭。（杨绛《我们仨》）

---

① 为了叙述方便，本书中的例句会有重复。

（b）キッチンと食堂には違った大きさの窓が4つある。（井晴子『新しい住まいの設計』）

例句 26 中（a）表示的是"房间"与"厨房"之间的关系；（b）表示的是"厨房、食堂"与"窗户"之间的关系，这两种关系都既可以理解为"存在"，也可以理解为"领有"。（a）中的"厨房"在物理位置上是位于"房间"中的，同时"厨房"也是归属于这个"房间"的；（b）中的"窗户"在物理位置上是位于"厨房、食堂"里的，同时，"窗户"也是归属于"厨房、食堂"的。

其次，在语言形式上，"存在"与"领有"之间的关系也是密不可分的。Langacker（2009）中指出[1]：有些语言使用本质上语义为存在或方位的句子来表达领有，如例句 27 中的拉丁语；有些语言使用本质上语义为领有的句子来表达存在或方位，如例句 28。

例句 27：Est Johanni liber. 'John has a book.'［拉丁语］（Langacker2009：98）

例句 28：Zhuo-shang you shu. 'The table has a book [on it].' / 'There is a book on the table.'［汉语］（Langacker2009：98）

例句 29：真理子さんには、いま、恋人がいるのだという。（重松清『リビング』）

本书的研究对象之一日语属于第一种情况，如例句 29。句中的谓语动词「いる」的基本语义为"存在"，然而在这个句子中却用来表达领有概念，即"真理子"与"恋人"之间的领有关系。

此外，在英语中，虽然分别使用 be 与 have 来区别"存在"与"领有"，但在一些情况下二者也可以共用，如例句 30、例句 31。

例句 30：

（a）The tree still has a bird nest（on it）.

（=There is still a bird nest on the tree.）

（b）That pot has coffee（in it）.

（=There is coffee in that pot.）

（影山 2011：259–260）

---

[1]　引自 Langacker（2009：98）。原文为："…many languages express possession by means of clauses that are basically locative or existential in nature…Not only are locative/existential constructions commonly used for possession，but the converse also occurs，as in Mandarin."

例句 31：

（a）There are five bedrooms in this house.

（=This house has five bedrooms.）

（b）There is no error in this proof.

（=This proof has no error.）

（影山 2011：260）

例句 30 中（a）与（b）虽然使用了 have 构式，但是 "鸟巢" 与 "树"、"咖啡" 与 "水壶" 之间的关系并不是典型的领有关系，而是暂时的空间性位置关系，两句都可以用 be 构式来进行替换。例句 31 中（a）与（b），"房间" 与 "卧室"、"错误" 与 "论证" 之间是整体与部分的关系，既可以使用 be 构式，也可以使用 have 构式来表达。

"存在" 与 "领有" 之间的密切关系引发了许多讨论。Lyons（1967）等人提出了方位假说（localist hypothesis）①，这一假说认为方位表达形式是最基础的，其他的表达形式都是源于方位表达的②。Jackendoff（1983：192）认为，尤其是可让渡型领有关系（alienable possession），可以将 "yhas/possessesx" 概念化为 "xisaty"，这样看来，"存在" 与 "领有" 便构成了一种平行的关系③。以上这两种观点都认为 "存在" 与 "领有" 二者之间，"存在" 的概念以及形式是更基础的。Langacker（2009）否定方位假说，他认为不能将 "He has a house" 看作底层结构 "At me is a house" 或 "To me a house exists" 的表层表现形式。他认为，"领有" 与 "方位存在④" 共享参照点能力这一抽象的语义特征，这种抽象的共性使得方位存在构式可以用于领有关系的表达，领有构式可以用于方位存在关系的表达⑤。Langacker 的这种观点认为 "存在" 与 "领有" 之间是不存在哪一方更基础这类型问题的。

---

① Anderson（1971：ch.7）与 Freeze（1992）也持有类似观点。

② Lyons（1967：390）：　…in many, and perhaps in all, languages existential and possessive constructions derive（both synchronically and diachronically）from locatives.

③ 原文为：… "y has/ possesses x" is the conceptual parallel to spatial "x is at y".

④ 方位存在是指有具体方位名词出现的存在类型，还有一种存在类型是 "绝对存在"，这种类型的存在不要求具体的方位名词出现，如 "There is unicorn"。

⑤ 参照 Langacker（2009：103）。原文为："possessives and locatives share an abstract conceptual characterization based on the reference point ability.…This abstract commonality is the link permit-ting locative constructions to be used for possession, and conversely."

以上这些观点都证明了"存在"与"领有"之间确实存在着特殊的密切关系。然而，本书认为目前学界对"存在"与"领有"之间关系的研究还不够深入，它们之间的密切关系还需要在与既往研究中不同的界面上进行更加详细的分析，对这一问题的深入分析是解释一些特殊语言现象的突破口。这些语言现象即前文提到的主语身份模糊现象、定指效应现象以及显性非宾格现象。

二、主语身份模糊现象

主语身份模糊现象是指某一类句式中主语身份难以辨别的语言现象。日语领有句与汉语存在句中都有主语身份模糊的现象。在日语中，领有关系中的亲属关系既可以用动词「ある」来表示，也可以用动词「いる」来表示，如例句32。

例句32：

（a）夏絵には子供があるからあんなにさっぱりしたことが言えるのだ。（中島みち『がんと闘う・がんから学ぶ・がんと生きる』）

（b）井岡には二人の子供がいる。子供が出来たと知ったとき……（乃南アサ『幸福な朝食』）

同样都是表示"有孩子"，例句32（a）用了「子供がある」，例句32（b）用了「子供がいる」。学界一般将前者称为"ある领有句"，后者称为"いる领有句"。有关这两种领有句的主语身份问题，近年来，"ある领有句"中的主语身份基本上达成了一致，即主语为二格名词（参照 Shibatani2001、岸本 2005、Kumashiro2016 等）。在"いる领有句"的主语身份认定问题上，大家一直争论不休，出现了几种不同的观点。

具体来说，在日语中，用来测试主语最常用的两种方法为"反身代词约束"（reflexive binding）与"敬语化"（honorification）[①]，分别举例如下：

例句33：自分iの部屋にジョンiがいる（こと）。（岸本 2005：169）

例句34：

（a）君にご立派な両親がいらっしゃる。

（b）木村先生には、三人の子供がいらっしゃる。（岸本 2005：199）

---

① 除了"反身代词约束"与"敬语化"这两种测试外，还有"控制 PRO（controlled PRO）、随意解释 PRO（arbitrary PRO）"等方法，这里只介绍最常用的两种。

例句 33 是用反身代词约束来测试主语的方法。在日语中，反身代词「自分」的指称应当与句中的主语一致。例句 33 中「自分」与二格名词「ジョン」的指称相同[1]，因此这一测试表明いる领有句中的主语是二格名词。例句 34 是敬语化测试主语的方法。一般来说，日语中谓语的敬语形式表示的是对主语的敬意。例句 34（a）中谓语的敬语形式所表达的是对ガ格名词「ご立派な両親」的敬意，表明いる领有句中的主语是ガ格名词；例句 34（b）中谓语的敬语形式所表达的是对二格名词「木村先生」的敬意，表明いる领有句中的主语是二格名词。这样一来，对いる领有句中的主语测试出现了不同的结果。

针对这一现象，Shibatani（2001）提出应当将两个名词都当作主语，一个是大主语，一个是小主语；岸本（2005）提出句子的主语应当是二格名词，其理由为除了敬语化测试方法，其他的测试方法得出的结果都表明二格名词是句子的主语，并且认为例句 34（a）是间接敬语化导致的结果，不能作为测试主语的方法。Kumashiro（2016）认为可以将日语中的主语分为两个层级，即小句层级（clause-level）与谓语层级（predicte-level）。在いる领有句中，主语分裂为两个不同的层级。二格名词是小句层级的主语，ガ格名词是谓语层级的主语。

主语的认定与主语的定义密切相关，以上这些观点事实上都没有清晰的解释例句 34 中（a）（b）两句出现差异的本质原因。

日语中的主语身份模糊现象是发生在领有句中的，汉语中的主语身份模糊现象是发生在存在句中的，如例句 35。

例句 35：桌上有一本书。（Huang1987：64）

例句 35 是"有"字存在句。对于这类句型的主语身份认定问题，学界出现了两种不同的观点。Huang（1987）、Gu（1992）、Li（1990）等认为句子的主语是句首的方位成分"桌子上"；韩景泉等认为："句首的方位名词组并非句子的主语，而是句子的状态性主题。"（韩景泉 2001：153）表面上看，日语领有句的主语身份模糊现象与汉语存在句的主语身份模糊现象没有明显的联系，然而事实上它们之间有着共同点，即句子所要表达的概念意义与所用构式的本质意义是不一致的。日语领有句是用本质上语义为"存在"的构式来表达"领有"的；汉语存在句是用本质上语义为"领有"的构式来表达"存在"的。因此，本书认为，在

---

[1] 这一判断结果引自岸本（2005）。

分析这类主语身份模糊现象时，需要以"存在"与"领有"的关系为出发点，从概念层面与构式层面两方面进行探讨。

三、定指效应现象

定指效应是指在英语的存现结构①中，核心名词不能是定指名词的现象，如例句 36（a）。动词 is 后名词不能为表示定指的"the man"，只能为表示不定指的"a man"。同样的现象也存在于汉语的存现句中，如例句 36（b）。动词"有"后的名词不能为表示定指的"那本书"②，只能为表示不定指的"一本书"③。

例句 36：

（a）There is a man/*the man in the garden.（Belletti1988：3）

（b）桌上有一本书 /* 桌上有那本书。（Huang1987）

由于很多语言的存在句中都表现出了这一现象，因此大家认为定指效应是一种存在句所特有的跨语言现象，并提出了各种假设来进行解释。同时，人们也发现在一些语言中也有反例存在，如例句 37，日语的存在句中没有表现出这一效应。日语是一种语序自由的语言，核心名词是ガ格名词，即表示存在物的名词既可以是表示定指的名词，也可以是表示非定指的名词。

例句 37：机の上に｛私の / あらゆる / すべての｝本がある。（影山 2011：264）

日语中的存在句中虽然没有表现出定指效应，但是日语领有句中却表现出了这一效应，如例句 38。例句 38（a）句为所有权关系类型的领有关系，领有物名词不能为定指名词;（b）句为亲属关系类型的领有关系，领有物名词同样也不能为定指名词。

例句 38：

（a）* 私には｛すべての / ほとんどの｝財産がある。

（b）* 私には｛ほとんどの / すべての｝おじさんがいる。（影山 2011：265）

---

① 存现句包括存在句与隐现句，是指表示事物"存在""出现""消失"的句子。英语的存现结构是指 there 句。

② 这里排除"那本书（的复印件）"这一语义解读。

③ 参考 Huang1987。

岸本（2005）从句法角度出发，认为由于日语领有句与英语 there 句有着共同的句法结构，因此出现了定指效应。但是最根本的问题仍然没有解决，即不论是日语领有句还是英语 there 句，定指效应出现的语义动因是什么。影山（2004）通过"语义合并"来解释日语领有句中的定指效应现象，认为这一现象出现的原因为：ガ格名词的非独立性，ある的轻动词特性。但是，事实上いる领有句中也表现出了定指效应，如例句 38（b）。也就是说，影山（2004）提出的两点原因不是日语领有句中定指效应出现的必要条件，只是充分条件，日语领有句中出现定指效应的本质动因另有所在。

观察英语、汉语、日语中的情况不难发现，不仅是存在句，很多语言的领有句中都表现出了这一效应。目前，学界所普遍认为的"定指效应是存在句的特性"这一观点是值得再次商榷的。在对定指效应本质这一问题的思考上，应当将目光从"存在"扩大到"存在"与"领有"两方面。

四、显性非宾格现象

传统的动词分类将动词分为及物动词与不及物动词。一些语言学家发现，所有的不及物动词在句法表现上并不是同质的。为了解释这一现象，他们在关系语法与生成语法的框架内提出了非宾格假设（unaccusative hypothesis）理论（参考 Perlmutter1978、Burzio1986）。这一理论认为，可以将不及物动词再分为两类：非宾格动词与非作格动词。在语义上，非宾格动词是非自主的，非作格动词是自主的。在句法上，非宾格动词在深层结构上只有逻辑宾语，非作格动词则只有逻辑主语。在表层结构上，非宾格动词的核心名词在句中的位置既可以位于动词前，也可以位于动词后，如例句 39，（a）句与（b）句中的谓语动词均为非宾格动词"sit"。（a）句中的核心名词"President Kennedy"位于句首动词前；（b）句中的核心名词"a white-bearded venerable man"与（c）句中的核心名词"a gaunt, tall man"均位于动词后。相反，例句 40 中的谓语动词"talk"为非作格动词。核心名词的位置只能是动词前，如例句 40（a），不能是动词后，如例句 40（b）。非宾格动词的这种核心名词在表层结构上的位置反向现象被称为显性非宾格现象（surface unaccusativity）（参考 Levin，B.&M.Rappaport Hovav1995、Rappaport Hovav，M.&B.Levin2001、潘海华，韩景泉 2005）。

例句 39：

（a）President sat on the right rear seat.Next to him on the left seat was…

（b）a few years ago，Sunday after Sunday，there sat a white-bearded venerable man at the church door，asking alms.（Sabine Baring-Gould *The Book of Were-Wolves*）

（c）On the front seat sat a gaunt，tall man，dressed in black broadcloth…（O.Henry *A Blackjack Bargainer*）

例句 40：

（a）A man talked to John.

（b）*There talked to John a man.

（Belletti1988：4）

显性非宾格现象不仅存在于英语中，汉语中也有类似的现象。例句 41 中的动词"躺"为非宾格动词。（a）句中核心名词"他"位于动词前，（b）句中的核心名词"一个女人"位于动词后。例句 42 中的动词为非作格动词，句中的核心名词"病人"只能位于动词前，不能位于动词后。

例句 41：

（a）再过一个钟头鸡就叫了，天色发白了。他睁着眼睛在床上躺着。全家人都睡得非常甜蜜……（萧红《马伯乐》）

（b）一张大床占着房间的中央，一头朝南，一头朝着墙壁。床上躺着一个女人，脸向内，只穿了一身白绸的睡衣。（茅盾《子夜》）

例句 42：

（a）病人咳嗽了。

（b）* 咳嗽了病人。

（潘海华，韩景泉 2005：4）

是不是所有的语言中都有这一现象呢？英语和汉语的语序与句子中各成分的语法身份相关，一般来说，处于动词前位置上的名词是主语，动词后位置上的名词是宾语。因此，非宾格假设认为，显性非宾格现象可以描述为在表层结构，核心名词既可以作句子的主语，也可以作句子的宾语。与汉语、英语不同，日语的语序相对自由，主语和宾语的身份与语序无关，主要通过格助词来进行标记。例

句 43 为及物动词句。句中的主语「H と敏子」用格助词「ガ」标记，直接宾语「い
つもより早い朝食」用格助词「ヲ」标记。例句 44 的动词「座る」为非宾格动词。
主语「部下らしい男」可以使用格助词「ガ」标记，却不能使用「ヲ」或「ニ」
标记，这说明，日语非宾格动词句中的核心名词只能充当句子的主语，不能作句
子的宾语，即日语中没有类似于汉语与英语中的显性非宾格现象[①]。

例句 43：H と敏子が田舎に向かう日の朝、いつもより早い朝食を食べた。
（妹尾河童『少年 H』）

例句 44：

（a）部下らしい男が通路側の席に座っている。その部下がなにやら言い
訳めいたことを口ばしった。（花村萬月『二進法の犬』）

（b）[②]*通路側の席が部下らしい男｛を／に｝座っている。

针对这一区别，影山（1996）与岸本（2005）认为，日语中虽然没有显性非
宾格现象，但是在其他隐性的句法表现上是区别非宾格动词与非作格动词的，如
名词化结构中的标记、结果构式、かけ构式等。同其他语言类似，日语中非宾格
动词与非作格动词在语义上的区别也被认为是自主性的差别。

本书认为，在有关显性非宾格现象的一系列讨论中，还存在以下问题：一是
汉语和日语中都存在非宾格动词与非作格动词句法表现上的对立，为什么汉语中
有显性非宾格现象，日语中却没有。二是自主性是否为非宾格动词与非作格动词
的本质区别？如果是，那么应该如何解释"椅子上坐着一个人"中"坐"的自主
性？既往研究中认为显性非宾格现象与非宾格动词的性质以及存现句的句法特性
密不可分，目前还没有从"存在"与"领有"之间的关系这一角度对显性非宾格
现象进行的分析。本书认为，虽然在英语与日语中的存现句中都有显性非宾格现
象，但是其出现的动因与"领有"也是密不可分的。

在汉语与日语中，出现这些语言现象的本质动因实际上都与"存在""领有"

---

① 日语中的格助词「ガ」也有表示宾语的情况。如「ジョンにその文字が書ける」（Kuno1973）。
  这里说的"显性非宾格现象"是在形式语言学框架内提出来的语言现象，是指表层语法结
  构的形式。此外，与「ジョンにその文字が書ける」这样的句子不同，例句 21（a）中的
  主语「部下らしい男」在语义上也很难理解为「部下らしい男が通路側の席に座っている」
  的宾语。

② 已经母语者确认。

之间的密切关系有关。要对这些问题的本质进行解释，就必须更加深入地分析存在与领有之间的关系。那么，如何在既往研究的基础上找到新的突破口，本书提出了一种新的界面研究方法，即认知语法框架内的概念—构式界面研究法。

第四节　研究方法

在有关"存在"与"领有"之间关系的既往研究中，有使用形式语言学理论进行分析的文献，如 Lyons（1967）、Jackendoff（1983）等。这类研究主要是针对"存在"与"领有"之间在语言形式上的关联进行的研究，其结论大体上认为"存在"表达方式是基础的，"领有"表达方式是源于"存在"表达方式的。近年来有使用认知语法理论进行分析的研究，如 Langacker（2009：ch4）。在很多语言中，存在句与领有句概念层面的语义与构式层面的语义是不一致的，即前文提到的"有些语言使用本质上语义为存在或方位的句子来表达领有；有些语言使用本质上语义为领有的句子来表达存在或方位"现象。Langacker（2009）用隐喻或转喻来解释这一现象（参考 Langacker2009：106），并在此基础上对日语中的「私には孫がいる」（参考 Langacker2009：99–101，107）与汉语中的"桌上有书"（参考 Langacker2009：105–106）进行分析。这两个例句中的概念意义与构式意义都是不一致的，然而 Langacker（2009）在分析这两个句子时，一个注重概念意义的一面，另一个注重构式意义的一面。同样是概念意义与构式意义不一致的情况，为什么一个注重概念意义，一个注重构式意义呢？Langacker 并没有对此做任何解释。

本书认为，这是 Langacker（2009）将概念与构式当作整体进行分析的结果。针对这一问题，本书提出概念—构式界面语义分析法。这一界面研究与既往的句法语义界面研究不同，其中的概念层面与构式层面均为意义层面。概念—构式界面分析法的对象主要是概念意义与构式意义不一致的语言表达式（expression）。在以往的研究中，这类表达式是作为一个整体进行讨论。这种方式容易导致对语言表达式的语义分析过于主观化，或注重概念意义，或注重构式意义。概念—构式界面分析法是将语言表达式中不一致的地方区分开进行客观语义分析的一种方法。在这一界面上进行分析可以清晰地观察到概念与构式对语言表达式最终语义的形成所起的不同作用。本书将在第二章对概念—构式界面研究法进行详细的论述。

由于本书是偏向于理论性的研究，因此在论述过程中难以避免地会出现内省例句的情况，尤其是探讨既往研究中的例句时。为了使本书的论述更加客观，本书在可能的范围内，尽量使用语料库中的真实例句[①]。其中，汉语语料库选用了北京语言大学开发的 BCC 语料库与北京大学开发的 CCL 语料库；日语语料库选用了现代日语书面语均衡语料库[②]，英语语料库选用了 The iweb Corpus。

第五节　章节架构

本书一共由七章构成，序章介绍本书的研究课题、方法。从第一章开始是正文部分。第一章详述本书提出的概念—构式界面语义研究法。首先简述既往研究中的理论，并提出本书所使用研究法的不同之处，其次在认知语法的框架内论述概念—构式界面研究方法的内容以及这一研究法的适用范围。

第二章运用本书提出的概念—构式界面研究方法分析日语与汉语中的存在句与领有句。第一部分在概念层面上对存在与领有的概念义进行探讨；第二部分在构式层面上论述汉语与日语中相关的基本构式的构式义；第三部分探讨日语与汉语的存在句与领有句中的概念义与构式义发生交互影响的情况。

第三章用概念—构式界面研究法分析主语身份模糊现象。本章以日语为主，介绍与日语领有句主语身份模糊现象相关的三个既往研究：Shibatani（2001）、岸本（2005）、Kumashiro（2016），指出既往研究中的问题，并提出いる领有句中出现主语身份模糊现象的本质动因与主语身份认定的方法。

第四章用概念—构式界面研究法分析定指效应现象。在这一章中，通过对汉语与日语中定指效应现象分布的考察，以及对岸本（2005）与影山（2004）中不足之处的分析，提出汉语与日语中定指效应是否出现，取决于概念义与构式义中是否含有领有义，只要有一方的意义中含有领有义，句子就会体现出定指效应。

---

① 在语料的均衡性方面，由于本书探讨的关于"存在"与"领有"的表达方式大量存在于汉语与日语的书面语与口语当中，因此本书所选例句暂不区分书面语与口语的区别。另外，由于本书属于定性研究，因此暂不做语料的定量分析。

② 日文为"現代日本語書き言葉均衡コーパス"，简称 BCCWJ。

第五章用概念—构式界面研究法分析显性非宾格现象。对于英语与汉语中的显性非宾格现象，语言学界目前普遍都用非宾格假设来解释。然而，这一假设对于显性非宾格现象出现的动因无法在意义上进行本质的解释说明。本书在这一部分通过与日语进行对比，提出在汉语中出现显性非宾格现象的原因为使用领有构式表达存在概念导致存在句的分化，进而扩展为存现句的分化；日语中没有出现显性非宾格现象的原因为日语中用存在构式表达存在概念，没有概念义与构式义之间的交互影响，因而没有导致存在句的分化，也不会扩展为存现句的分化。

最后一章终章进行总结与展望。

第一章　认知语法视域下的概念—构式界面研究法

本章论述认知语法视域下的概念—构式界面研究法。第一节综述既往研究中的方法论，指出这些研究方法在分析"存在""领有"之间关系时的不足之处；第二节综述目前已有的界面研究，明确本书所采用的界面研究方法与既往研究的不同之处；第三、四节在认知语法框架内介绍概念—构式界面研究法的具体内容。

第一节　既往研究法综述

用什么理论可以解决本书所提出的问题呢？以汉语与日语中的存在句为例。

例句 45："噢，对了，我的桌上有一份刚刚签了字的文件，你待会替我送到民政科，交给罗主任。"（格非《江南三部曲》）

例句 46：今，私の机の上に一冊の報告書がある。「明るい豊かなまちづくりへの課題」という題で五〇頁足らずの小冊子である。（望月照彦『都市民俗学』）

例句 45、例句 46 中的画线部分几乎表达了相同的"存在"语义，即方位"桌上"与存在物"文件 / 报告书"之间的具体位置关系。但是二者所用构式的结构却完全不同，汉语使用了"名词 + 有 + 名词"这一结构（以下简称为"有"构式），"有"构式本质上是表示"领有"意义的，是一种及物性较低的及物结构；日语使用了"名词 + に + 名词 + が + ある"这一结构（以下简称为ある / いる构式），ある / いる构式在本质上是表示"存在"意义的，是不及物结构。以上这些汉语存在句与日语存在句之间的共同点与不同点用什么理论可以展现出来呢？

目前，对于语义与形式之间关系的研究大致可以分为两种类型：形式语义学与认知语义学。下面综述这两种理论方法的主要理念以及在面对本书所提问题时的不足之处：

一、形式语义学

语言的意义究竟指的是什么？不同的语言学理论有着不同的见解。形式语义学（fomal semantics）秉持客观主义原则，通过一系列真值条件（truth conditions）来认定句子的意义。这些真值条件是对整个世界的客观认识，不考虑这个世界是如何被概念化的。以概念语义学（conceptual semantics）中的语义概念结构[1]（lexical conceptual structure）为例，Jackendoff 在生成语言学的基础上发展了建立在概念结构和空间结构之上的概念语义学。语义概念结构是指用抽象的概念元（semantic primitives）来表示动词概念意义的结构，重视的是语义在句法结构上的反映，如"存在"的概念意义属于状态（STATE）这一范畴，如图 1-1-1 所示。

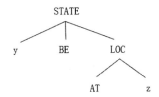

图 1-1-1 "存在"的语义概念结构（影山 1996：50）

概念结构由 BE、AT 等谓语，这些谓语的论元（y、z），所属的范畴（STATE、LOC）三部分构成。图 1-1-2 及形式表示"y 处于 z 这一位置"，整个结构属于状态（STATE）范畴。在论及"存在"与"领有"之间的关系时，"存在"与"领有"分别用 BE position、BE possession 表示，Pinker（1989）认为二者之间的关系可以用推理规则（inference rule）来进行解释，如图 1-1-2 所示。

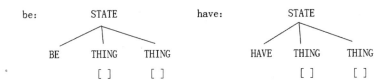

图 1-1-2 Pinker1989 中 "be" 与 "have" 的关系（Pinker1989：190）

推理规则[2]：如果 X HAVE Y，则 Y BE AT X（Pinker1989：190）

---

① 参考 Jackendoff（1983，1990）、刘晓林（2006）、影山（1996）。
② 原文为："If X HAVE Y, then Y BE（place-function）X."

概念语义学的这种对语义与形式的分析方法，在研究语言共性的一面有一定的优势，但是在研究不同语言之间的区别时存在不足。首先，概念语义学中的语义指的是客观的概念意义，不考虑人类概念化活动，因此在概念语义学的视角下，表达相同概念时，不同语言虽然形式不同，其语言意义是相同的。以例句45、例句46为例，"X上有Y"与「Xの上にYがある」的语义是完全相同的。其次，在形式上，不论是汉语还是日语，其结构都是相同的，都是以例句47这样的命题形式来体现。只不过 be 的概念在汉语中由谓语"有"来表示，在日语中由谓语「ある」来表示。因此，在处理本书所提的这类型问题时，形式语义学的理论方法显然是不合适的。

二、认知语义学

在如何认识语言的意义这一问题上，认知语义学（cognitive semantics）与形式语义学形成了鲜明的对比，认知语义学认为语言的意义存在于人类的概念化活动中，而不是概念本身。具体来说，语言的意义包含概念内容（conceptual content）与识解（construe）该内容的特定方式。"识解"是指我们用不同的方式构想或描绘相同状况的能力（Langacker2008：43）[1]。也就是说，描述同一种状况时，不同的识解方式可以产生不同的语义内容。用这种语义观看待例句45、例句46时，虽然所要描述的状况相同，都是方位X与存在物Y之间的位置关系，但是由于识解方式的不同，"X上有Y"与「Xの上にYがある」的语义是不同的。

然而，目前认知语义学在研究表达式的语义时，是将概念内容与识解方式作为一个整体进行语义分析，这样有时会出现过于主观化的情况。

例句47："噢，对了，我的桌上有一份刚刚签了字的文件，你待会替我送到民政科，交给罗主任。"（格非《江南三部曲》）

例句48：その友人に子供がいるのが分かっている時点で、子連れで来る事を覚悟しますね。（Yahoo！知恵袋）

例句47画线部分是汉语存在句，例句48画线部分是日语领有句。这两个句

---

[1]　原文为：Most broadly, a meaning consists of both conceptual content and a particular way of construing that content. The term construal refers to our manifest ability to conceive and portray the same situation in alternate ways.

子有一个共同点，即所要表达的概念意义与所用基本构式的基本意义是不一致的。例句47所要表达的概念意义是"存在"，即方位"桌上"和存在物"文件"之间的位置关系。所用的构式"有"构式本质上是表"领有"意义的。例句48所要表达的概念意义是"领有"，即领有者「その友人」与领有物「子供」之间的领属关系；所用的构式"いる"构式本质上是表"存在"的。

Langacker（2009）中第四章专门对"存在"与"领有"进行了详细的论述。展示的汉语存在句的构式如图1-1-3所示。

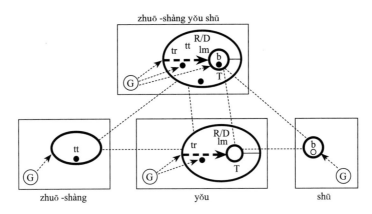

图1-1-3 "桌上有书"的构式图式（Langacker2009：106）

Langacker认为这个表达式唤起的是一个领有的特征图式，只是其中的参照点由方位短语侧显的整个域来充当。复合结构中的射体仍然为参照点（方位短语），界标为目标T。这种分析方法所得出的句义内容仍然为"领有"。其中"桌子上"这个方位短语为主语。（Langacker2009：105）[1] 这一分析方法显然是偏向构式意义的一面。在对日语领有句「私には孫がいる」进行分析时，Langacker（2009）在Kumashiro（2000）的基础上指出："这一构式应当再分析为HAVE型领有[2]，「いる」的语义应当为'have'。"（Langacker2009：107）[3] 这种分析方法显然是偏向了概念意义的一面。

那么，为什么在分析汉语存在句时不偏向概念意义，在分析日语领有句时不偏向构式意义呢？关于这一点，Langacker（2009）在书中没有做任何解释。事实

---

[1] 原文为："A relevant aspect of this construction is that the subject is construed as a location."

[2] have型领有是指用have构式表示领有概念的领有句。（参考Langacker2009）

[3] 原文为："In effect, the construction would be reanalyzed as a HAVE possessive, with iru then meaning 'have'."

上，这正是将表达式作为一个整体，而不是分层（概念意义层面与构式意义层面）进行分析的结果。鉴于形式语义学与认知语义学中现有分析方法的不足，本书在认知语法的框架内提出概念—构式界面研究法。

第二节　界面研究综述

"界面研究"这一方法论是目前人文社科中较为崭新的一种视角。熊学亮（2004：17）将"语言的界面研究"定义为"用一语言描写层面上的信息去支持对另一语言描写层次上的语言现状的描写和阐述，或者对一个以上语言描写层次之间的互动进行的研究"。牛保义（2017：84）站在对比语言学的立场做了如下定义："站在甲语言的角度观察乙语言，或站在乙语言的角度审视甲语言，发现甲或乙语言的特点，进而对这些特点的动因做出理论性的解释和概括"。潘文国（2012：1）分别对"界"与"面"进行定义，"界"即领域，"面"指两个界的交界处。从以上几种定义可以看出，"界面研究"主要有两个特点：涉及两个领域、注重两个领域之间的互动关系。目前，学界较为常见的界面研究有句法语义界面、句法语篇界面、句法语用界面等，下面对这几种界面研究进行简述：

句法语义界面是指动词的词汇语义与句法结构之间的关系（参考沈园 2007）。这类研究开始于 20 世纪 70 年代，代表者有 Charles Fillmore、Richard Carter、Beth Levin 等。这类研究认为动词的某些语义特征可能和动词的句法表现相关，着重研究词汇语义在句法上的投射。在如何表征动词和句法相关部分的意义问题上，出现了两种方法，一类是"语义角色"法（如施事、客体、处所等），另一类是"谓词分解"法，以动词所指事件的概念化为基础，将动词的意义进行分解。与句法实现相关的三种事件概念化的方式为"处所分析法""使因分析法""体分析法"。动词的论元与句法位置之间的投射理论主要有关系语法框架下提出的普遍联系假设（universal alignment hypothesis）、投射理论（projectionist approach）、构式理论（constructionist approach）。

句法语篇界面主要研究句法现象与语篇现象之间的关系。苗兴伟（2009）对这类研究的特征总结如下："从历时角度看，语篇因素是语言演变的重要动因。许多句法现象和范畴都是从最初的语篇成分和语篇范畴演变来的。从共时的角度看，主要涉及两个核心问题：一是句法结构和句法范畴的语篇功能，二是句法现象在语篇层面上的分布以及语篇对句法结构选择的制约。"（苗兴伟 2009：22–23）

句法语用界面，也称为语法语用界面，关注语法形式或结构如何与语义、语用相互作用决定话语意义的识解。这类研究主要依据语用原则探究语法形式使用者和使用形式的行为之间的关系，聚焦语法形式使用时的语境因素及其表达的语用意义。仇正龙，林正军（2019）指出："该类研究可以分为两类：第一类研究的主要内容是语法、语用的内涵以及它们的共时、历时关系，最具代表性的论著当属 Ariel（2008）；第二类是对语法形式的实际使用进行解释。"句法语用界面研究与句法语篇界面研究之间是有交点的。（仇正龙，林正军 2019：7）

回到本章开头提出的问题，例句 49 与例句 50 之间的差别究竟是什么？

例句 49："噢，对了，我的桌上有一份刚刚签了字的文件，你待会替我送到民政科，交给罗主任。"（格非《江南三部曲》）

例句 50：今、私の机の上に一册の報告書がある。「明るい豊かなまちづくりへの課題」という題で五〇頁足らずの小冊子である。（望月照彦『都市民俗学』）

两个句子都要表达方位"桌子"与"文件/报告书"之间的位置关系，一个用了本质上语义为"领有"的"有"构式，另一个用了本质上语义为"存在"的ある/いる构式，所要表达的概念与所用的构式之间的关系不同。汉语存在句所要表达的概念意义与所用构式的基本义之间是不一致的，日语存在句则是一致的。这种"概念意义"与"基本构式的基本义"之间的冲突关系是否可以用既往的界面研究方法来描述呢？

首先，句法语义界面指的是动词词汇语义与句法之间的关系，本书的"概念意义"指的是一种关系整体（存在关系或领有关系），而非单独的一个动词；"基本构式的基本义"也与句法不同，"基本构式的基本义"指的是语言表达式结构的语义，句法指的是一系列规则、限制。因此"概念意义"与"基本构式的基本义"是无法在句法语义界面进行研究的。其次，是否可以在句法语篇或者句法语用界面进行描述呢？同样也是不行的。"概念意义"与"构式的基本义"都是属于语义层面的，是语义层面中不同的侧面，因此句法语篇界面或者句法语用界面都不适用于本书所提的问题。本书提出的"概念—构式界面研究法"是在认知语法的框架内提出的，因此在定义这一研究法之前，下一节先对这一方法的理论基础认知语法的基本概念进行简述。

第三节　认知语法的基本概念

一、识解

认知语法认为语言的意义是由概念内容与识解方式两部分构成的。识解这一概念是多维度的，包括详略度（specificity）、视点（perspective）以及突显度（prominence）。

详略度（或图式度）是指描述某一状况特征时精确的程度，如动物表达式的详略度是不同的。

动物→哺乳动物→猫→中华田园猫→中华田园长毛猫→中华田园长毛橘猫

视点是多方面的，比较常见的有视角（vantage point），如例句 51，以及心理扫描的方向（direction of mental scanning），如例句 52。例句 51（a）是以阁楼为视角来进行识解，例句 51（b）则是以阁楼下方为视角来进行识解。例句 52 中两句用相同的详略度描述相同状况。在语义上，它们在建造整个概念时，从两个完全相反的方向来引导人们进行心理扫描。

例句 51：

（a）Come on up into the attic!

（b）Go on up into the attic!

例句 52：

（a）From home plate to the pitcher's mound, the grass has all been worn away.

（b）From the pitcher's mound to home plate, the grass has all been worn away.（Langacker2009：7）

突显也有很多种，这里介绍常用的两种突显方式：第一种是"侧显"（profiling）。每个表达式都会唤起一些概念作为它意义的基础，我们称这一基础为"概念基底"（conceptual base）。在概念基底中，表达式挑选出某一特定的子结构来作为注意力的焦点，我们称这个子结构为"显面"（profile），显面是这个表达式的概念所指。如图 1-3-1 所示，arc（弧）一词唤起一个圆作为它的概念基底，其显面为这个圆的一部分。roof（屋顶）的基底是"房子"这一概念，侧显房子上方覆盖的那一部分。两个表达式可以拥有同一概念基底，通过显面的不同表示不同的语义。例如，"丈夫"和"妻子"都会唤起由男人（M）和女人（F）组建的婚姻关系这一概念作为基底。它们之间的语义差别并不在于概念基底的内容，而在突显维度中，显面的选择不同。

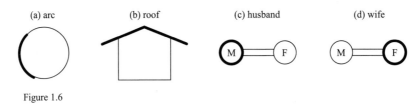

图 1-3-1　显面与概念基底（Langacker2009：7）

一个表达式可以侧显事体（thing）或者关系（relationship）。事体与关系统称为实体（entity）。事体不仅限于物体或实物，关系也不一定需要多个参与者。上面例子中的表达式侧显的都是事体。如图 1-3-2 所示是侧显关系的一些例子。认知语法中一般用圆或椭圆表示事体，用各种线或箭头表示关系。

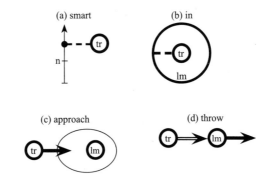

图 1-3-2　关系的侧显（Langacker2009：8）

如图 1-3-2（a），形容词"smart"（聪明）侧显的关系中只有一个参与者，这个参与者（用圆点表示）在智商维度上的定位高于标准值。（b）中介词"in"（在……里面）侧显两个参与者的空间包含关系。（c）中动词"approach"（接近）侧显一个事件，在这个事件中，一个参与者逐渐接近并且不接触另一个参与者，但是会到达它的邻近区域（用椭圆表示）。（d）中动词"throw"（投、掷）侧显一个事件，一个参与者对另一个参与者施加力（双线箭头），使另一个参与者快速沿着一个延伸的轨道移动。

关系可以分为过程（process）性关系与非过程（non-processnal）性关系（或非时间性），过程是时间性的，随着时间发展。认知语法中用下图来表达不同的范畴，正方形表示实体，圆形表示事体，用虚线连接的两个实体表示非过程性关系，过程的表达方式中包含一个表示时间轴的箭头。表达式的词性由其显面的性质决定。名词侧显事体，动词侧显过程，形容词、副词、介词侧显非过程性关系，如图 1-3-3 所示。

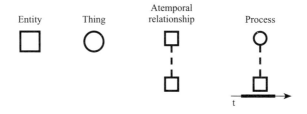

图 1-3-3　不同范畴的表达方式（Langacker1987a：230）

第二种常用的突显方式是"射体/界标"（trajector/landmark）组织，指的是显面中参与者的突显程度。一般情况下，显面中的参与者中有一个首要焦点参与者（primary focal participant），叫作射体（tr），这个参与者是表达式要定位或描述的。另外还有一个次要焦点参与者（secondary focal participant），叫作界标（lm）。

有些表达式虽然有相同的概念基底，但显面或射体/界标组织的不同也会导致不同的语义，如动词"like"与"please"。如图 1-3-4 所示，这两个表达式均包含两个参与者，即刺激者与体验者。刺激者以某种方式影响体验者，体验者察觉并理解这一影响最终做出积极的情感反馈。"like"一词着重于描写这种互动关系中的体验者角色，因此体验者是射体；"please"一词聚焦于刺激者。聚焦于哪个参与者意味着强调整个关系中的哪一方面。因此，"like"的显面包含体验者对刺激者的理解与反馈，"please"的显面是刺激者对体验者的刺激。

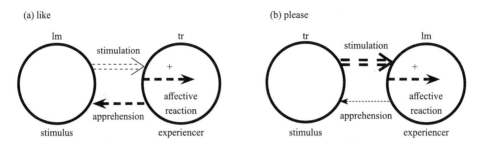

Figure 1.8

图 1-3-4 "like"与"please"的射体/界标组织区别（Langacker2009：9）

二、构式相关概念

构式认知语法认为语法的本质是象征性的（symbolic）。构式是象征的集合（symbolic assemblies），语法分析的目标就是描述这些集合的细节。词汇、形态、语法不是单个的"单元"，它们在整体上形成一个连续统，主要包括语义结构、音系结构、象征结构。一个给定表达式的语义结构是指其语义极，音系结构是指其音系极。

简单的象征结构联结形成复杂象征结构表达式或构式（construction）。在一个典型的构式中，两个成分结构（component structure）聚合形成一个复合结构（composite construction）。认知语法称这种联结的模式为构式图式（constructional schema）。如图 1-3-5 所示，描绘了"near the door"的构式。

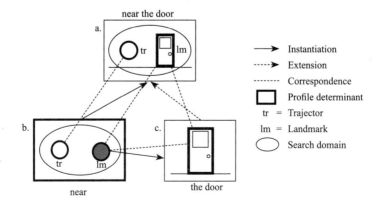

图 1-3-5 "near the door"的构式（Langacker1995b：15）

　　上方是这个介词短语的复合结构，下方是两个成分结构：介词 "near" 与名词短语 "the door"。"near" 侧显两个事体之间的空间性邻近关系。椭圆表示由介词限定的搜索域（search domain）。"the door" 侧显一个说话人与听话人都知道的具体的事体。"near" 被描绘为一个独立的结构，因为它预设存在另一个结构来形成一个完整的表达形式：设想一个由 "near" 编码的关系，同时我们也必须设想其中的实体（参与者）。另一方面，"the door" 是一个自主的结构，不预设任何结构来形成一个完整的概念表征。

　　两个成分结构之间的聚合是基于它们子结构之间的一致（correspondence）关系的。具体来说，左下方 "near" 的图式界标与右下方显面中的事体 "the door" 之间有一致关系（用虚线表示）。这些一致结构是重叠的，它们的明示（specification）相互融合产生上方的复合结构。注意 "near" 的图式界标是带阴影的，表示该界标充当阐释位（elaboration site 或 E-site），即这是一个图式的实体，其详细内容需要其他成分来阐释（实线箭头表示这种阐释关系）。还有纵向的一致（用虚线表示），表示 "near" 的图式射体等同于复合结构 "near the door" 中的射体，它们的界标互相一致并且与 "the door" 的显面一致（图 1-3-5）。

　　复合结构 "near the door" 与成分结构 "near" 十分类似，也是侧显一种空间性的邻近关系。它们之间的区别在于："near" 的界标是图式的，复合结构 "near the door" 中的界标是具体的。注意复合结构中的显面是从 "near" 继承的，不是 "the door"，我们将类似于 "near" 这类的结构称为显面决定体（profile determinant），即将显面传递给复合结构的成分结构（在图中用黑体矩形表示）。认知语法中的显面决定体，即传统语法概念中的中心语（head）。因此，"near" 是 "near the door" 的中心语，成分结构与复合结构之间还存在范畴化关系。上图中显面决定体 near 是图式的，复合结构是具体的，它们之间由实线箭头连接。与此相比，另一个成分结构 the door 与复合结构之间的关系是扩展，由虚线箭头表示，它们的明示之间有冲突，即它们显面的选择是不同的："the door" 的显面是一个事体，复合结构的显面是一种关系。

　　图 1-3-6 是 "near the door" 的构式图式。下方是成分结构，左侧标记为 "Y" 的图式表示介词类别，右侧标记为 "Z" 的图式表示名词短语范畴。介词被阐释为两个事体之间的图式非过程性关系（用纵向的虚线表示）。注意成分结构与复

合结构之间的关系与"near the door"平行，即右下方图式内容标记为"X"的名词短语阐释左下方介词的图式界标，上方复合结构中标记为"YZ"的显面是从介词中继承的。这种构式图式是一种可以广泛应用的模板，很多介词短语阐释这一图式或与其联结。

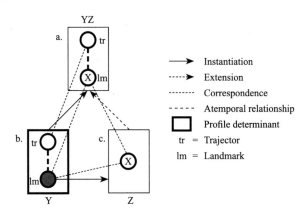

图1-3-6 "near the door"的构式图式（Langacker1993b：15）

在用意象图式描写语义时还会用到"入场（grounding）理论"。认知语法认为，词汇名词即没有任何修饰成分的名词，如"书""桌子"，或者没有时态成分的动词，如"有""吃"等，表示的仅是事体或过程的类型；名词短语如"一本书""那张桌子"，或者限定小句表示事体或过程的已入场例示（grounded instance）。指示词、冠词等限定成分称为入场成分（grounding elements）。也就是说，入场是用来明示某物或某一过程（即言语事件与它的参与者）在场境（ground）中的认知地位的语法化的手段（Langacker2009：86）[1]。入场是说话人和听话人用来在语篇中协调他们对于某物或某事的心理指称的方法Langacker（1991，2009）。例示（instance）是类型的具体化，占有一个特定的位置，事体的例示所占有的位置是空间，过程的例示所占有的位置是时间。

如果两个事体占有相同的位置，则它们是同一例示，如果它们是不同的例示，则它们占有的位置不同。类型这一概念代表了这些例示抽象的共性。在图式上，这些概念表示如图1-3-7所示，圆形代表类型，t是这个类型特征的简略表示。

---

① 原文为：Grounding is a grammaticized means of specifying the epistemic status of a thing or process with respect to the ground.

圆点表示这一类型的不同例示，位于例举域（实线矩形）中的不同位置。右侧是例示概念的简化符号。

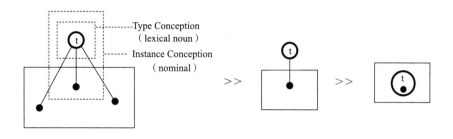

图 1-3-7　类型与例示（Langacker2009：86）

入场使说话人与听话人预设或建立一个协同的心理指称，如不定冠词、指示词等。入场可以使说话人与听话人将注意力转向某一类型的同一个例示。（图1-3-8）协同的心理指称由 S、H 到侧显事体的虚线箭头表示，右侧是入场的简化表示方法。

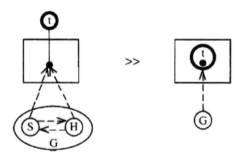

图 1-3-8　入场（Langacker2009：87）

下面介绍本书中将会涉及的两种基本构式：参照点能力构式与场景—参与者构式。

参照点能力。所谓参照点能力（reference point ability），是指通过唤起一个设想的实体，并将其与另一个实体建立联系的能力。也就是说，经由一个实体到另一个实体的心理通达（mental access）。如图 1-3-9 所示，首先，概念化主体（C）将某一实体当作参照点（R），接着唤起一系列与之相关联的实体，这些实体的集合叫作领地（D），其中一个实体是目标（T）。

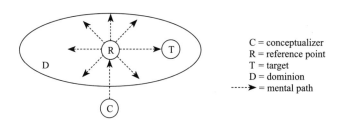

图 1-3-9 　参照点能力图式（Langacker2009：82）

参照点能力独立于任何的概念内容，是极度抽象化的。许多跨语言的语法现象都可以视为参照点，如领有者、主语、主题、先行词等，这些成分都与另一个成分之间有着密切的关系（参考 Langacker 2001、Kumashiro and Langacker 2003）。参照点关系是一种有序的心理通达，其顺序为 C → R → T，方向不可改变。

对于场景—参与者（setting-participant）构式而言，在经典事件模型中区分场景和场景中的参与者。可以得到突显的不仅是参与者，如例句 53 描述了一个典型的场景—参与者结构，其中前面的从句是场景，后面主句动词的论元名词是参与者。

例句 53：Last night at the stadium, I paid \$30 to the vendors for hot dogs and beer.（Langacker1993a：500）

在很多场景—参与者结构中，句子的主语是场景，而不是参与者，如例句 54。

例句 54：

（a）November witnessed a series of surprising events.

（b）*A series of surprising events was witnessed by November.

（Langacker1993a：501）

在例句 54（a）句中，"November" 不是事件的参与者，只是充当了场景成分。在这个句子中，场景成分充当了句子的主语。这个句子虽然在结构上类似及物句，但不能转换为相应的被动句，不能认定为真正的及物句①。

图 1-3-10 是参与者主语（participant-subject）与场景主语（setting-subject）的语义结构对比图。左边是参与者主语语义结构，如 "John witnessed the car accident"，前景化和侧显的是参与者，场景是背景化的，没有被侧显（图中虚线

————————

① 　认知语法对及物性的分析请参考 Rice（1987a，1987b）。

代表心理经验，两个圆代表参与者，黑体部分代表显面部分，矩形代表场景）。右图是场景主语的语义结构，如例句 54（a），这里侧显的关系转化成场景与经验实体之间的容器—内容关系（container-content）（由垂直的黑体虚线代表）。由于焦点发生了转变，因此场景前景化，充当了句子的主语（注意这里的黑体矩形代表场景）。

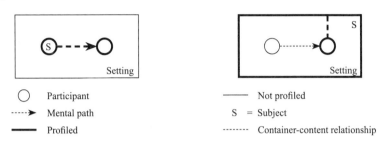

图 1-3-10　参与者主语与场景主语图式（Langacker2003：18）

第四节　概念—构式界面研究法

概念—构式界面研究法是为了研究类似汉语存在句这种"概念意义"与"基本构式的基本意义"不一致的语言现象所提出的。这里的"概念意义"层面与"基本构式的基本意义"层面应该如何定义呢？

一、概念—构式界面研究法内容

主观识解与客观识解：在以 Langacker 为代表的认知语法中，识解是可以分为主观识解与客观识解的。在人类的概念化活动中，存在主体（subject）与客体（object）①的区别：主体是指进行概念化活动的主体，客体是指被概念化的对象。主体角色与客体角色是概念化关系中的两个不同侧面，如图 1-4-1 所示（Langacker2008：260），主体（S）参与到概念化活动中，同时也是概念化体验的发生地。在主体关注的整个辖域内（最外圈的圆），S 锁定一个特定的区域，认知语法称这一区域为"台上"（onstage）区域（内部的椭圆）。在这个台上区域，S

---

① 这里的主体、客体概念不同于语法中的主语与宾语的概念。

聚焦于一些台上的元素，这些元素便是概念化的客体（O）。在极端的情况下，S
与O之间是可以明显区分的，这时S被主观识解（construed subjectively），O被
客观识解（construed objectively）。当S仅充当主体功能时被最大主观识解，相反，
当O与周围的环境以及观察者之间可以清晰地分开时被最大客观识解。

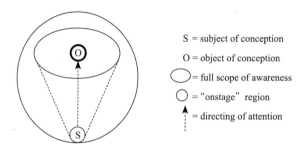

图1-4-1　主观识解与客观识解（Langacker2008：260）

　　以"存在"的概念化过程为例，Langacker（2009）认为，存在表达式（如「私
の机の上に一册の报告书がある」）的意义可以通过参照点能力构式来描述，如
图1-4-2所示。

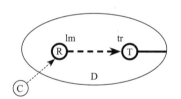

图1-4-2　存在表达式的语义特征图式（Langcker2009：100）

　　概念主体C通过参照点R（「私の机」）认定一个搜索域D（「私の机の上に」），
目标T（「一册の报告书」）定位在这个领地中。图中有两个关系：一个是概念主
体C通过参照点R心理通达到T，另一个是T定位在领地D中。前者是主观识
解的部分，是日语使用者对"存在"概念进行概念化活动时的习惯方式，在认知
语法中用虚线箭头表示，后者是客观识解的部分，由"存在"概念的性质所决定，
在认知语法中用实线表示。

　　可以看出，在认知语法中，对一个表达式意义的描述是分为两部分的：主观
识解的部分与客观识解的部分。其中，客观识解的部分在所有的语言中都是相同
的，主观识解的部分在不同语言中可能存在差异。客观识解的部分是以台上区域
中客体性质所决定的，主观识解的部分是由主体习惯所决定的。认识到这一点，

就可以很容易地区分前面提到的"概念意义"层面与"基本构式意义"层面了。

概念层面是指"概念意义"的层面，是人类在进行概念化活动中相同的一部分，也就是客观识解的部分。由于概念意义是脱离了具体语言形式的意义，因此同一概念在不同语言中的概念意义是相同的。如上述存在表达式中客观识解的部分（概念意义部分）可以描绘如下，即"有两个元素，其中一个元素（方位表达中的名词）可以定位一个搜索域（方位），另一个元素（存在物）定位在这个搜索域中"，其中方位表达中的名词是界标，存在物是射体，如图1-4-3所示。

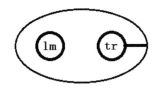

图1-4-3 存在的概念意义特征图式

构式层面是指"基本构式意义"的层面。基本构式[①]代表了人类概念化活动的习惯方式，这种习惯方式当中是包含典型客体内容的，如日语存在句「私の机の上に一册の报告书がある」，其基本构式为"ある／いる构式"。这个基本构式当中既包括日语概念化活动的习惯方式，即概念主体C通过参照点R心理通道到目标T的心理通达路径，又包括这一概念化方式典型客体的特征内容，即"存在"的特征内容（R是界标，T是射体），如图1-4-4所示，该图表面上与图1-4-2是相同的。

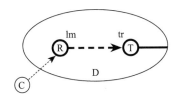

图1-4-4 日语存在句的构式意义（Langcker2009：100）

这样，我们就可以给概念—构式界面研究法下定义了。概念—构式界面研究

---

① 构式在详略度上是有不同层级的，这里说的基本构式是指代表某一词汇动词最本质用法的构式，也是详略度最低的构式，如「私の机の上に一册の报告书がある」，由于「ある」的基本词汇意义为"存在"，因此这个句子的基本构式为"方位に名词がある"，「私の机の上に一册の报告书がある」本身也可以认为是一个构式，其详略度要高于"方位に名词がある"。

法是指在研究某一语言表达式的语义内容时，从概念意义层面以及基本构式意义层面对二者之间的交互影响进行分析的方法。概念意义是指人类概念化活动中客观识解的部分，这一部分是所有语言当中相同的部分；基本构式意义是指人类概念化活动中固定下来的概念化习惯方式，包含客观识解与主观识解两部分，不同的基本构式反映了人类概念化同一概念内容时不同的认知方式。

概念义与构式义之间的交互影响基本构式的意义是十分明显的，其意义来源于谓语动词的基本词汇语义，如"有"构式表达领有语义，"ある／いる构式"表达存在语义。当基本构式与其所概念化的典型概念不一致时，最终形成的句义会复杂化，不容易认定，如"有"构式概念化的典型概念为"领有"概念，当"有"构式与"存在"概念结合时，最终的句义便复杂化了。在这种情况下，本书提出，通过分析概念义与构式义之间的交互影响来认定句子的最终语义。

概念义与构式义之间的交互影响是指两个层面上不一致的内容互相融合形成最终句义的过程。以汉语"我的桌上有一份刚刚签了字的文件"为例，这个句子的概念意义为"存在"，构式意义为"领有"，二者的语义特征图式可以描绘如图1-4-5所示。

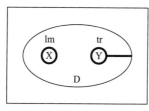
概念意义：存在

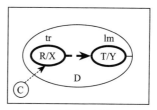
构式意义：领有

图1-4-5　汉语存在句的概念意义与构式意义对比

具有类似语义特征的元素用相同的字母标记，如概念层面中用于定位方位的名词 X 与构式层面中的领有者 X，概念层面中的存在物 Y 与构式层面中的领有物 Y。这些相同标记的元素在不同的语义层面上具有不同的识解身份，如 X 在概念层面上的识解身份为界标，在构式层面上的识解身份为射体，Y 在概念层面上的识解身份为射体，在构式层面上的识解身份为界标。这种身份上的不一致在二者融合形成句子时发生交互影响，导致最终 X 与 Y 均获得了双重身份，也就是获得了相同的突显度，形成了新句式（方位＋有＋名词）的特征，即射体、界标身份区分不明显，这一过程如图1-4-6所示。

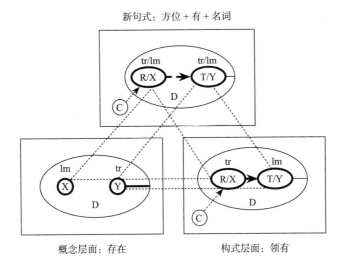

图 1-4-6　汉语存在句中的概念义与构式义之间的交互影响

　　具有相同语义特征的元素用表示"一致"关系的虚线连接。当基本构式用于表达非典型概念时，概念层面的语义与构式层面的语义融合形成新句式的句义。在这一过程中，概念层面与构式层面中"一致"元素的不同特征发生交互影响，结果形成新句式的特征。上图中显示了这一过程中的射体 / 界标组织的交互影响，这一交互影响的结果体现在语义上，便是特殊句义的形成，即新句式的句义可以描述为"某一方位的空间性状态"，而不是单纯的"存在"义。

　　将上述机制图式化，在概念—构式界面研究中，概念义与构式义之间的交互影响描绘如图 1-4-7 所示。

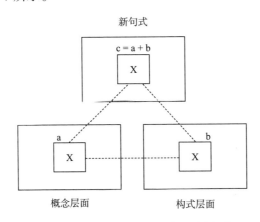

图 1-4-7　概念义与构式义交互影响图式

基本构式与非典型概念融合形成新句式，在融合过程中概念义与构式义之间交互影响，产生特有的句义内容。上图中 X 代表概念层面与构式层面具有类似特征的元素，概念层面的所有特征用 a 表示，构式层面的所有特征用 b 表示，新句式层面的所有特征用 c 表示。当 a = b 时，概念义与构式义完全一致，融合形成的句式没有新句义产生，即 c = a = b；当 a ≠ b 时，概念义与构式义中存在差异，二者之间的差异发生交互影响，最终产生新句式的新特征 c，c 是 a 与 b 交互影响的结果，用 c = a + b 来表示。

二、概念—构式界面研究法的应用

概念义与构式义之间的交互影响是以概念义与构式义的相似为前提的。在表达某一概念时，只能使用与该概念义类似的构式，如表达存在概念，汉语使用构式义为"领有"的"有"字句，这是因为存在概念与领有概念之间有着高度的相似性。概念义与构式义之间的相似性是概念—构式界面研究的一个基本条件。完全不同的概念与构式之间是不能放在一起研究的，因为在任何语言中，都不会使用语义完全不同的构式去表达某一概念。也就是说，相似是前提，有了相似才有概念—构式界面的研究。

概念—构式界面研究法能帮我们解决什么样的问题呢？将概念义与构式义分开进行研究可以帮助我们解决一些特有的语言现象。很多情况下，一些特殊的语言现象之所以得不到合理的解释，是由于对句子语义把握得不够准确造成的，如本书的研究对象"存在"与"领有"是一对相似度很高的概念，在这种相似性的基础上出现了概念义与构式义不一致的语言现象，通过在概念—构式界面上对二者之间不一致的特征进行分析，可以从语义本质上解释一些复杂语言现象出现的动因问题。这类现象有主语模糊现象、定指效应现象、显性非宾格现象。这些现象本书将在后文进行详细的论述。

此外，概念—构式界面研究法的应用不仅限于"存在"与"领有"的问题，只要概念义与构式义之间存在差异，就可以使用这种研究方法，尤其是一些语法现象的边缘例示。现代语言学对范畴的划分基本遵循"原型"理论（参考西村义树 1998），即某一范畴的成员当中既有典型程度较高的"原型"成员，又有典型程度较低的"边缘"成员。"边缘"成员由于在该范畴的典型程度较低，因此具有另一个范畴的特征，这种具有两个范畴特征的成员很容易发生概念义与构式义不一致的情况，如日语使动句的"边缘"成员，表示不如意结果的使动句（西村义树 1998：162）[①]，例句如下：

例句 55：戦争 / 交通事故で息子を死なせた / 死なせてしまった父親 / 母親（西村义树 1998：166）

这类使动句所表达的概念意义为受影响义（日语表述为「受身」），所用的构式意义为使动义（日语表述为「使役」），概念义与构式义之间存在不一致。再如汉语中的"把"字句，对于"把"字句的研究，通常将这类句式的意义定位为"处置"或"致使"，但是在实际的使用当中，有如下的"边缘"成员存在：

例句 56：连这么着，刚教了几个月的书，（方先生）还把太太死了呢。不过，方先生到底是可怜的。（老舍《善人》）

这类"把"字句既不表示"处置"义，也不表示"致使"义，却使用了"把"字句结构。这种概念义（受影响）与构式义（处置、致使）不一致的现象也可以用概念—构式界面研究法来进行考察。一些形式语义错配的语言现象也可以使用这一研究法，如汉语中形式语义错配的经典例句"他的老师当得好"［参考邓思颖（2008，2009，2010）、韩巍峰，梅德明（2011）］。这句话所表达的语义与"他当老师当得好"基本相同，在汉语中为什么"他"可以当作"老师"的定语来使用？这一现象也被称作汉语中的"伪定语"现象。在认知语法框架内，名词性领属结构（名词＋的＋名词）与话题结构都可以使用参照点能力来描述，这是"他的老师当得好"这一构式意义与"他当老师当得好"这个句子所表达的概念意义之间的相同点，从这一角度出发可以为这类错配现象提供一种新的视点。

对待这些现象时，本书认为可以从两个方面来进行考察：第一，找寻所涉及的两个范畴之间的共性，这是概念义与构式义不一致的前提；第二，在概念—构式层级上分别对两个层级的语义特征进行考察，并分析其中有差异的语义特征是如何交互影响并融合形成新句式、新句义的。

---

① 日语表述为「意図しない結果を表す使役文」。

第二章 概念—构式界面下的 "存在"与"领有"

本章在概念—构式界面下对日语与汉语中的存在句与领有句进行分析，包括三个部分：第一部分在概念层面上探讨存在概念与领有概念的概念义。第二部分在构式层面上探讨日语与汉语中用来表达存在概念与领有概念的基本构式的构式义。第三部分，在概念—构式界面上分析日语与汉语的存在句与领有句中的概念义与构式义交互影响的情况。

第一节 概念层面的"存在"与"领有"

Langacker 在 *Investigations in Cognitive Grammar* 一书中专门用独立的一个章节详述了领有与存在的意义以及它们之间的关系[①]。本书对"存在"与"领有"的概念特征以及二者之间的描述，基于这本书中的观点，只是在本书提出的概念界面上做了一些调整。

一、领有的概念义

在认知语法中，对基本的语法概念，如名词、动词、主语、宾语、存在、领有等进行描述时，通常从两个层面进行描述：一是原型层面，二是图式层面。原型层面描述各种以经验为背景的概念原型的特征，因此只适用于原型例示；图式层面描述为人类的认知能力，其描述是极其抽象的，适用于所有的例示（包括原型与非原型）。本书对概念义的描述也从这两个方面进行。

---

① 第四章 *Possession*，*locative and existence.*

（一）既往研究

早期研究者对"领有"这一概念的认识较为笼统，他们认为领有关系意味着领有者与领有物之间有某种关系，如 Bendix（1966：120）认为"'A has B'表示 A 与 B 之间有一种状态关系，在语境中这一关系会被具体化"[①]。事实上，领有概念的语义特征远不止这些。Langacker 在 Langacker（2009）中对领有概念在两个层级上进行过详细的分析，下面先对这一分析进行简要介绍。

上文提到，认知语法对概念的语义特征进行描述时包括原型语义与图式语义两个方面。在图式语义方面，Langacker 认为可以用参照点能力来描述领有概念的特征。

如图 2-1-1 所示，首先，概念化主体（C）将某一实体当作参照点（R），接着唤起一系列与之相关联的实体，这些实体的集合叫作领地（D），其中一个实体是目标（T）。领有关系中，如"张三有一套房子"，领有者"张三"充当参照点 R，领有物"一套房子"是目标。在描述领有概念时，首先概念主体将某一实体"张三"当作参照点，这个参照点可以唤起一个领地，即"张三"的所有物集合，在这一集合中，有一个实体"一套房子"是所要描述的目标 T。在描述这个关系时，心理注意力移动的顺序（图中的虚线箭头）是固定的，即概念主体 C→领有者 R→领有物 T，这一特征，即领有者与领有物之间不对称、不可逆的特征是固有于领有关系中的。

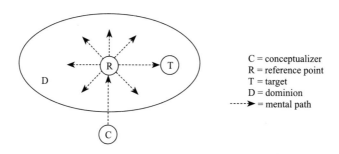

C = conceptualizer
R = reference point
T = target
D = dominion
- - - ▶ = mental path

图 2-1-1　参照点能力图式（Langacker2009：82）

如何理解这种不对称、不可逆的特征呢？如我们可以说"张三的书"，但是

[①]　原文为："A has B express that there is some state relation between A and B and... leaves a more precise specification of this relation to the context."

不能反过来说"书的张三"。这是因为，在认知上，参照点（R）与目标（T）相比更显著、更容易通达。这种特征在领有的原型中表达得尤为显著，如在亲属关系中，一个人在本质上不是父亲、叔叔或者儿子，这种身份是相对的，只存在于与某个特定参照个体的关系当中。在短语"张三的祖父"中，只有叙述与"张三"的关系时，这个人才是"祖父"这一身份。同样，整体—部分关系中，"部分"只有在和整体的关系中才是"部分"，如"鬃毛"，只有与狮子或者马等有关系的情况下才被认为是"鬃毛"，如果没有这一关系作为前提，"鬃毛"只是一堆毛发。

所有权关系也一样是非对称的。在认识一个所有权关系的过程中，我们通常将注意力转移到一个给定的人，这个人拥有很多财产，这些财产都是在这个人的控制下并且在需要的时候可以使用。典型情况下，以同样的方式，某个给定的物体只能关联到一个人。就认知的效率来讲，通过领有者来认定某物比通过领有物来认定某人更容易。

接下来是原型层面的语义特征。领有的概念原型包括三种：所有权关系，如"张三的钱包"；亲属关系，如"张三的弟弟"；整体—部分关系，如"张三的腿""杯子的盖子"[1]。与领有的图式语义不同之处在于，在领有关系的原型中，领有者（R）以某种方式（物理、社会或者经验的方式）主动控制着领有物（T）。这种控制在某些情况下会表现为领有者享有专属特权通达到 T，如在所有权关系中，"我的钢笔"，"我"操纵"钢笔"，决定"钢笔"的位置，并且在需要时可以使用"钢笔"，这种控制也有社会的和经验的组成成分。在亲属关系中，这种控制需要一定的社会文化背景，如某个人与其父母、孩子、孙子之间的控制（表现为社会关系）是其专有的，是其他人无法实现的。这种以社会关系为基础的通达特权是独有的（有一些极少的例外，如兄弟关系中，你的弟弟也是我的弟弟）。同样地，"部分"通常只属于一个高层次上的"整体"，如"张三的胃"，只有"张三"可以用他自己的胃进行消化。"张三"也享有专属特权去体验自己的胃（如胃疼），控制胃的位置（当"张三"移动的时候，"张三"的胃随之移动）。

---

① 整体—部分关系当中也有"存在"概念的一些特征，如整体与部分之间除了所属关系，还有物理位置关系，即"部分"处于"整体"这个物理位置上。因此，整体—部分关系可以看作"存在"与"领有"连续统中间地带的例示。

前面我们提到认知语法中一对基本的语义描述概念：射体/界标组织，在一个显面中如果有两个参与者，一般情况下其中一个是主要参与者，被称作射体，另一个是次要参与者，被称作界标。在领有关系中有两个参与者：参照点（领有者）与目标（领有物）。很明显，这两个参与者中参照点（领有者）的地位更重要，在描述领有关系时，如"我有一个弟弟"，在语义上，是以领有者"我"为中心描述的，表面上虽然只是描述了一个领有关系，实际上是对领有者"我"的一种属性描述，即我是一个拥有弟弟的人。因此，在领有关系中，参照点（领有者）充当射体，目标（领有物）充当界标，如图 2-1-2 所示，（a）为原型层面，（b）为图式层面。

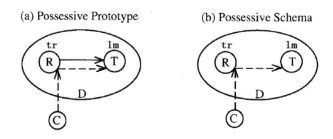

图 2-1-2　领有的语义特征图式

（二）领有的概念义详述

上述是 Langacker（2009）中对领有概念的语义描述内容。这一描述实际上是加入了主观识解以后的领有表达式的语义内容，而不是本书所提出的概念层面的概念义。前文提到过，概念意义是人类概念化活动中客观识解的部分，因此，在上述语义特征的基础上去掉主观识解的部分，便是领有概念的概念义。这样一来，领有概念原型层面的概念义与图式层面的概念义可以分别描绘，如图 2-1-3 所示。

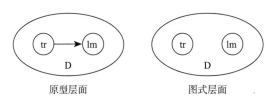

原型层面　　　　　　　图式层面

图 2-1-3　"领有"的概念意义特征图式（原型层面与图式层面）

在原型层面，由射体（领有者）认定的领地 D 中有界标（领有物），射体对界标有控制力；在图式层面，由射体（领有者）认定的领地 D 中有界标（领有物）。没有射体对界标的控制力，这是因为原型中射体对界标的客观控制，在一些周边的例子中会削弱，甚至消失，如"他的年龄""那条狗的体形""申请者的国籍"等。这时，领有者角色在台上的状态本质上是消极的。

此外，本书提出领有概念的另一个语义特征：目标的虚拟性（virtual）[1]。这一特征是指领有关系中的领有物是不预设绝对存在的，即领有物是通过领有关系第一次带到听话人的心理世界。在领有关系中，领有物是依赖于领有者的，是作为领有者的属性描述的，在形式上通常体现为非定指名词，如"张三有一辆车"，领有物"一辆车"用于表明"张三"的属性，即"张三"是一个有车的人。我们不能说"张三有那辆车"，这种说法是很不自然的，因为"那辆车"的所指是一个独立的、预设绝对存在的个体（一个人只有知道这辆车的存在，才能去具体指称这辆车），不适于用来描述属性。这一特征是存在于所有领有概念中的，因此是图式层面语义概念的一种特征[2]。认知语法中将实体的这种虚拟性用一个空心点来表示。因此，领有概念的图式特征可以改为如图 2-1-4 所示。

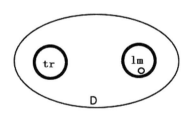

图 2-1-4 领有的概念意义图式

综上，关于这一部分，本书在 Langacker（2009）的基础上完善了"领有"在概念层面的语义特征，即在图式语义层面，领有者充当射体，领有物充当界标，领有者的领地中有领有物，领有物是虚拟的。在原型语义层面，领有者对领有物有主观的控制力。

---

① Langacker（2009）在讨论领有小句时谈到了领有物的虚拟性，本书将这种虚拟性定位于"领有"的概念当中，而不仅存在于构式中。

② 本书下文将对领有的虚拟性进行详细论述。

二、存在的概念义

（一）既往研究

既往研究中对"存在"概念的意义特征分析大体上可以概括为"X与Y的物理性空间关系"或"X处于Y这一位置上"[参考影山（2011）、岸本（2005）、Jackendoff（1990）]。Langacker（2009）中描述了两种存在类型的语义特征：方位存在（location）与绝对存在（existence）。方位存在描述某一具体的方位存在某一实体，如"桌子上有一本书"，绝对存在描述某一实体的绝对性存在，一般不涉及具体的方位。Langacker（2009）在描述存在概念时，将绝对存在的范围视为一个普遍、最大的图式方位。如图2-1-5所示的矩形，左侧为方位存在关系，在最大的方位中有一个限定的空间区域（椭圆），某一个实体定位于这个限定的区域中；右侧为绝对存在关系，不涉及限定的区域，实体定位于最大的方位中。

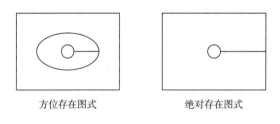

方位存在图式　　　　　　　　绝对存在图式

图2-1-5　方位存在图式与绝对存在图式（Langacker2009：99）

Langacker（2009）认为，在图式语义层面，同样可以使用参照点来描述存在的语义特征。一般情况下，一个方位表达式指定某一限定区域，这个方位表达式包含一个名词与一个方位成分，如"桌子上"中的"桌子"与"上"。通过这个方位表达式认定一个区域，在这个区域中可以找到一个实体。参照物即方位表达式中的名词，如"桌子"。这个参照物的作用类似于一个空间性的界标，用它可以认定一个搜索域（domain of search）。例如，介词"above""beside""in"，如图2-1-6所示的组织。在这几种情况下，寻找的目标（T）处在一个搜索域（D）中，该搜索域通过与参照物（R）之间的关系确定。"in"的搜索域与参照点基本上范围是一致的。方位短语侧显的关系是通过参照物确定一个搜索域，某一实体[①]定位于这个搜索域中，因此T是射体，R是界标。注意，这并不意味着R总在D的

① 这个实体是未入场的。

里面，R 只是用来当作参照点来定位搜索域的。在射体 / 界标组织方面，方位存在主要表达目标（存在物）的具体存在，因此参照点充当界标，目标充当射体。

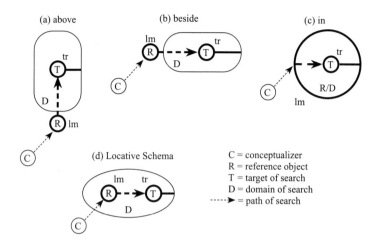

图 2-1-6　方位表达的意义特征图式（Langacker2009：100）

（二）存在的概念义详述

上图中去掉主观识解的部分便是方位存在的概念义图式，如图 2-1-7 所示。

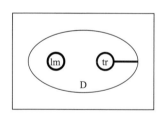

图 2-1-7　方位存在的概念意义特征图式

本书认为 Langacker（2009）中对方位存在的语义描述是不够充分的。实际上，存在关系中也存在着"虚拟性"的问题。前面提到过领有关系中的目标 T 必须是虚拟的，这种虚拟性意味着我们在谈及这个概念时，是不以该物体的绝对存在为前提的，如"张三有一辆车"，在叙述这一关系时，说话人认定听话人不知道目标，即"张三的车"的绝对存在。这个目标是由说话人第一次带入听话人心理世界的事体，听话人在听到这句话的同时认定了目标，即"张三的车"绝对存在。同理，当我们描述一个绝对存在关系时，也是以听话人不知道该物体的绝对存在为前提的，因此绝对存在关系中的存在物在语义上也是虚拟的。在形式上表现为非定指的名词，我们可以将绝对存在关系改为如图 2-1-8 所示。

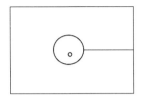

图 2-1-8　绝对存在

方位存在与上述关系不同，方位存在关系中的存在物既可以是实在的，也可以是虚拟的。也就是说，我们既可以描述一个已知物体（即已认定该物体的绝对存在）的具体方位存在，也可以描述一个未知物体（即未认定该物体的绝对存在）的具体方位存在，在描述未知物体具体方位存在的同时，该存在物的绝对存在也得到了认定。以日语为例，日语中可以说「公園に太郎がいる」，「太郎」是一个专有名词，表示的是实在的个体，在描述这个方位存在关系之前，说话人认为听话人知道「太郎」的绝对存在（即说话人认为听话人知道有"太郎"这样一个人），这句话只是描述了「太郎」的具体存在位置，即「公園」。日语中还可以说「公園に子供がいる」，「子供」是一个虚拟名词，表达的不是一个特定的个体，而是一个泛指的个体，在描述这个方位关系之前，说话人认为听话人是不知道这个「子供」绝对存在的（即说话人认为听话人不知道有这么一个孩子），这句话在描述「子供」具体位置的同时，也告诉了听话人「子供」的绝对存在，即说话人同时提供了两个信息：一个是存在物的绝对存在，另一个是存在物的具体位置。因此，本书将方位存在的概念义图式改为如图 2-1-9 所示，左侧是实在事体的方位存在，右侧是虚拟事体的方位存在。

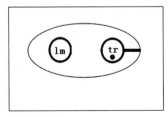
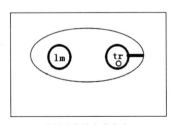

实在事体的方位存在　　　　　　　虚拟事体的方位存在

图 2-1-9　方位存在的概念意义特征图式（实在事体与虚拟事体）

由于绝对存在关系中只有一个参与者，在分析存在与领有之间的关系时，我们主要探讨方位存在与领有之间的关系。

在原型语义方面，本书提出方位存在的一个显著语义特征为"时间性"。方位存在关系中存在物所在的位置不是固定的，而是暂时的，如"桌子上有一本书"，"桌子"与"书"之间的关系是暂时的，随时可变。"书"不是"桌子"的属性，不论这本书在不在桌子上，这个桌子的基本属性都是不变的。这与领有关系是不同的，领有关系中领有者与领有物之间是稳定、长期的关系，如"张三有个弟弟"，"张三"与"弟弟"之间的兄弟关系是稳定的，与领有物"弟弟"所处的具体位置无关，这一固定关系构成了"张三"的固有属性。因此，领有关系是稳定的，是非时间性的，属于非时间性关系（非过程性关系）；方位存在是暂时的，有其时间性的一面，属于时间性关系，即过程。非原型的方位存在中这种暂时性（或时间性）会弱化，如"桥边有一条河"，"桥"与"河"之间的位置关系是相对稳定、长期的。方位存在的这种"时间性"如图 2-1-10 所示（下方标记为 t 的箭头表示时间性）。

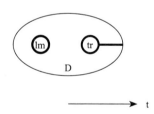

图 2-1-10　原型层面的方位存在概念意义图式

日语中「ある / いる」的分化可以佐证这种时间性。「ある / いる」分别表示无自主物体的存在与有自主物体的存在。在日语存在句中，这种分化很严格，不可以混淆使用，在领有句中，这种限制相对宽松，如例句 57。

例句 57[①]：

（a）子供が公園に ｛いる /* ある ｝。（金水 2002：478）

（b）私に結婚を約束した人が ｛ある / いる ｝。（金水 2002：487）

例句 57（a）表示存在关系，句中存在物「子供」是有自主物体，因此这里只可以用「いる」，不能用「ある」。例句 57（b）表示领有关系，同样是有自主

---

① 作者自创例句，已经确认母语者。

性物体「結婚を約束した人」，既可以使用「いる」，也可以使用「ある」。也就是说，与领有句相比，存在句中ガ格名词的自主性较为重要。一般来说，自主性动词才会有命令形式[①]，自主性动词通常出现在时间性关系，即过程中，非时间性关系的谓语是非自主性的，也没有命令表达形式，我们不能说"请有一个弟弟"或者「弟があってください」，然而在日语中，表示存在的「いる」是可以用命令形式的，如例句58。

例句58：十二時になったら、あんたに一度だけ手伝ってもらう。それまでここにいてください。（『新·翔んでる警視』）

例句58表示时间性的方位存在，句中有明确的时间表达「十二時になったら」，方位为「ここ」，存在物为「あんた」，表示存在的谓语「いる」使用了命令形式「いてください」。整体表达的语义为到了十二点（我）还得请你帮忙，请在那之前待在这里。这种命令形式的用法说明方位存在句中的谓语是有自主动词，方位存在关系是具有时间性特征的。

综上，方位存在的概念义可以描述为在图式层面，"射体定位在界标认定的搜索域中"。其中，射体既可以是虚拟的，也可以是实在的。在原型层面，射体的定位关系是时间性，暂时的。

第二节　构式层面的汉语与日语中的"存在"与"领有"

存在的概念义与领有的概念义十分类似，尤其是在二者的图式层面，都是由某物认定一个区域，在这个区域中存在另一个物体。不同点有射体与界标的身份差别。因此，在我们进行概念化活动时，可以调用同一种认知能力，即参照点能力来认识这两种关系。这种语义上的共性，可以在一些语言中使用同一形式来表达领有概念与存在概念。如汉语中的"有"字句，既可以表示存在概念，如"桌子上有一本书"，也可以表示领有概念，如"张三有一个弟弟"；日语中的"ある/いる构式"，既可以表示存在概念，如「机の上に本がある」，也可以表示领有概

[①] 日语中"下雨"等天气现象也有命令式，这与日语中对"雨"这一物体的概念化有关，日语在概念化一些天气现象时，会将其看作有自主的物体，因此日语中天气现象有命令式、间接被动句等表达。

念，如「太郎にたくさんのお金がある」。在这一节中，本书将对汉语与日语中表达存在概念与领有概念的基本构式的构式义进行详细分析。

一、汉语中表示存在与领有的构式

（一）既往研究

汉语中表达"存在"与"领有"概念的构式是丰富多样的，本节的目的是找出基本构式，并对其语义特征进行描述。汉语中，有关存在句种类的研究有吕叔湘（1942,1946）、陈庭珍（1957）、范芳莲（1963）、Huang（1987）、聂文龙（1989）、雷涛（1993）、易洪川（1997）[①]。综合来看，这些文献中所谈及的句式可以概括为如下几类：

例句59：（章星老师）说："昨夜柑橘里有一封短信，信是用香烟里的锡纸卷着塞进柑橘里藏着的……"（王火《战争和人》）

例句60：蒋妈见他如此，笑道："大爷在哪儿？"金贵道："（大爷）在七爷屋子里。"（张恨水《金粉世家》）

例句61：我往那板车一望，有石灰，有两把刷墙的扫帚，上方搁着一个小方桌，方桌上是一个猪头。二喜手里还提着两瓶白酒。（余华《活着》）

例句62：果然七八个人，围住一张桌子。正位上坐着一个人，口里撇着一根假琥珀烟嘴，向上跷着，身子向后一仰，靠在椅子背上，静望着众人微笑。（张恨水《春明外史》）

例句63：老几发现这回邓指的生活环境大有改善，三间平房一个小院，院里跑着一群鸡、蹦着几只兔子。（严歌苓《陆犯焉识》）

例句59是"有"字句，例句60是"在"字句，例句61是"是"字句，例句62、例句63是由具体动词构成的存在句，前者是静态存在句，后者是动态存在句。由于例句61、例句62、例句63中的谓语动词的语义在本质上不是表示"存在"或"领有"的，因此不属于基本构式范围，本书将研究的中心限定在"有"字句与"在"字句上。

汉语中表示"领有"概念的句式大致可以分为"有"字句与具体动词构成的

---

① 有关汉语存在句的研究，可参考潘文（2002）、范晓（2010）。

句子，如例句 64、例句 65。同样，本书将研究重点限定在基本动词构成的领有句上，即"有"字句。

例句 64：还有，老人有很多钱，他的钱一分也不给外地的儿子，都给了小冷。（张炜《你在高原》）

例句 65："妻就是妻，她持有一张超越你的结婚证书，她是受到保护的，她不在乎，她是……"（林语堂《风声鹤唳》）

综上，本书将汉语中用来表示"存在"与"领有"的基本构式规定为"有"字句和"在"字句，分别称这两种构式为"有"构式与"在"构式。

（二）"有"构式

Huang（1987）对汉语中的"有"字句进行了系统的分析，认为"有"字句的结构可以描述为以下形式：

例句 66：…（NP）…V… NP…（XP）…

… 1 … 2 … 3 … 4（Huang1987：63）

Huang（1987）认为位置 1 是主语位置，位置 3 是存在物名词，位置 4 是谓语表达式，通常情况下是短语或小句，在语义上与位置 3 的名词相关。当位置 2 的动词是"有"时，举了以下几种例句：

例句 67：

（a）有人。

（b）有一个人很喜欢你。

（c）桌上有一本书。

（d）桌上有一本书很有趣。

（Huang1987：63–64）

Huang（1987）认为位置 1 与位置 4 的部分是可以没有的。由于位置 4 是对存在物名词进行的补充说明，因此本书暂不讨论有位置 4 的情况。位置 1 可能有三种情况：空位、方位表达和领有者名词。其中，方位表达构成的"有"字句与谓语动词"有"的基本语义（领有）不一致，不是本书所说的"基本构式"，而是经过概念义与构式义交互影响后的"新句式"，本节只讨论位置 1 是空位和领有者名词的情况。

位置 1 是空位的"有"构式表示绝对存在关系，构式结构可以简单表示为"有

X"，X 为存在的物体，具有虚拟的特征，其语义特征如图 2-2-1 所示。

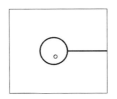

图 2-2-1　位置 1 为空位的"有"构式

位置 1 是方位表达的"有"构式，可以简单表示为"X 有 Y"，其中谓语动词"有"表示领有关系，"X"表示领有者，典型的领有者是有生命的物体，"Y"表示领有物。"有"构式的基本义为领有关系，其语义特征如图 2-2-2 所示。

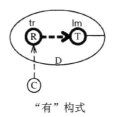

"有"构式

图 2-2-2　位置 1 为方位表达的"有"构式

由于"有"构式的基本语义为"领有"，因此"有"构式唤起的是一个参照点能力图式。概念主体聚焦于参照点 R（领有者），在 R 的领地中有目标 T（领有物）。其中，参照点充当射体，目标充当界标。"有"构式的构式图式如图 2-2-3 所示（以"他有一套房子"为例）。

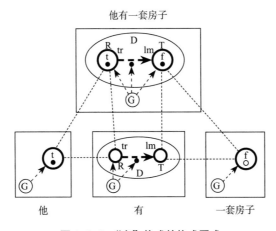

图 2-2-3　"有"构式的构式图式

下方是三个成分象征结构。左侧表达式"他"侧显一个已入场的事体，实心点表示这个事体是一个实在的例示，右下方"一套房子"同样侧显一个入场例示，空心点代表该物体是虚拟的。谓语"有"唤起一个领有关系，其中的参照点与目标都是未入场的图式，参照点与左侧的"他"一致，目标与右侧的"一套房子"一致。上方是复合象征结构。显面为领有关系，与下方"有"侧显的关系一致，参照点与下方中央的领有关系图式中的参照点一致，也与左下方的"他"一致，目标与下方中央领有关系图式的目标一致，也与右下方的"一套房子"一致。"一套房子"这个不定名词短语自身是虚拟的，通过参与到小句关系中使它被认定并且建立起它的实在性。因为领有关系是实在的，所以领有物实体也必须表现为一个实在的类型例示，在复合象征结构层级，"一套房子"是"他"拥有的东西，在这里出于语篇目的被认定，于是该例示由虚拟变为实在，用一个实心圆点表示。

由于绝对存在不是本书的讨论重点，故下文如无特殊标注，则"有"构式均指位置1为方位表达的"有"构式。

（三）"在"构式

"在"构式可以简单表示为"Y在X"，其中谓语动词"在"表示实在物体的方位存在，"Y"表示某一实在的事体，说话人认为听话人已经知道了该事体的绝对存在。"X"表示具体的方位。目前，既往研究中还没有运用意象图式法对"在"构式进行的描述。本书认为"在"构式与"有"构式不同，概念主体的注意力首先是导向存在物的，而非方位，具体语义特征图式如图2-2-4所示。

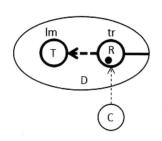

图2-2-4 "在"构式的语义特征图式

概念主体先将注意力导向存在物，由于存在物定位于某一方位，通过这一关系，注意力随之从存在物转移到方位，因此"在"构式中，存在物是参照点R，方位是目标 T。这一心理通达的方向与"有"构式恰好相反。其中，参照点 R（存在物）充当射体，目标 T（方位）充当界标。此外，参照点必须是实在的。"在"构式的构式图式如图 2-2-5 所示（以"张三在教室里"为例）。

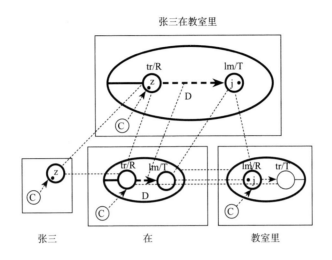

图 2-2-5 "在"构式的构式图式

下方是成分象征结构，左侧表达式"张三"侧显一个已入场的实在事体，黑体表示其显面身份，圆圈内实心点表示该例示的实在性，特征简略地表示为"z"。右侧表达式"教室里"侧显一个方位关系，参照点为"教室"，简略表示为"j"，通过参照点定位一个搜索域 D，有一个目标定位于这个搜索域中，这个目标是未入场的（圆圈内没有点）。谓语"在"侧显一个实在事体的方位存在关系，里面的参照点与目标都是未入场的。目标与右侧方位表达式中的参照点一致，参照点与左侧存在物一致。上方是复合象征结构，侧显实在事体的方位存在关系，与下方"在"的显面一致。复合结构中的参照物与"在"所侧显的关系中的参照物一致，与左下方表达式"张三"侧显的存在物一致；复合结构中的目标与"在"所侧显的存在关系中的目标一致，与右下方表达式"教室里"中的参照点一致。

二、日语中表示存在与领有的构式

在日语存在句种类的研究中，代表性文献有金水（2002，2006），西山（1994，2003）等，这些研究中都将领有句作为存在句的下位分类。具体来说，西山（2003）

从是否需要场所表达这一角度，将日语中的存在句分为两类，即有场所表达类型（「場所表現を伴うタイプ」）和无场所表达类型（「場所表現を伴わないタイプ」），分别举例如下：

例句68：

（a）场所存在句：机の上にバナナがある。

（b）所在句：お母さんは、台所にいる。

（c）系动词所在句：お母さんは、台所です。

（d）指定所在句：その部屋に誰がいるの。——洋子がいるよ。

（e）存现句：おや、あんなところにリスがいるよ。

（f）实在句：ペガサスは存在しない。

（g）绝对存在句：太郎の好きな食べ物がある。

（h）领有句：山田先生には借金がある。

（i）准领有句：フランスに国王がいる。

（j）list存在句：甲：母の世話をする人はいないよ。

乙：洋子と佐知子がいるじゃないか。

（金水2002：476–477）

其中，例句68（a）—（e）属于第一类，（f）—（j）属于第二类。从句子的构造上来看，这些句子有一些重合的地方，综合起来共有以下几种形式：

例句69：

（a）方位に名词がある / いる。

（b）名词が / は方位にある / いる。

（c）名词は方位です。

（d）名词が / は存在する。

（e）名词が / はある。

（f）名词に名词がある。

其中，例句69（a）表示"存在"概念，（b）（c）表示"所在"概念，（d）（e）表示"绝对存在"，（f）表示"领有"概念。「ある」与「いる」是日语中用来表达"存在"与"领有"概念的基本动词，其中动词「ある」有两种用法：一种用法要求与ガ格名词的自主性保持一致，只有非自主名词才能用动词「ある」；另一种用法不要求与ガ格名词的自主性保持一致，自主名词与非自主名词都可以用动词「ある」。金水（2002）将「ある」的两种用法定义为两种不同的动词，要求一致关系的「ある」为"S型存在动词"，不要求一致关系的「ある」为"Q型存在动词"。以这两类动词为标准，将日语存在句分为两类：空间性存在句（「空间的存在文」）和限量性存在句（「限量的存在文」）。

本书采用金水（2002）中的判断标准，即动词是否需要与ガ格名词保持一致，将日语中的存在句与领有句分为两大类，即有一致关系的ある/いる构式与无一致关系的ある构式。其中，有一致关系的ある/いる构式的基本语义为"存在"，包括两种下位构式："にが构式"［例句69（a）］与"がに构式"［例句69（b）］，"にが构式"表示存在关系，"がに构式"构式表示所在关系；无一致关系的ある构式包括"にが构式"［例句69（g）］与"が构式"［例句69（e）］，前者表示领有关系，后者表示绝对存在关系。此外，由于"名词は方位です"的谓语动词在本质上不是表示"存在"或"领有"的，因此不是本书考察的重点对象。

有一致关系的ある/いる构式有两种下位构式："にが构式"与"がに构式"。"にが构式"表示方位存在关系。

例句70：方位に名词がある/いる。

其中，ガ格名词为自主名词时，用动词「いる」；ガ格名词为非自主名词时，用动词「ある」。这一构式图式如图2-2-6所示（以「机の上に本がある」为例）。

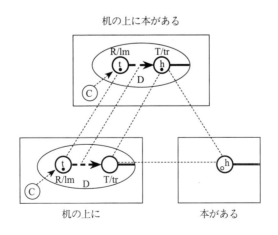

图2-2-6 有一致关系的ある/いる构式中的にが构式

下方是两个成分结构，左侧方位表达式「机の上に」侧显一个方位存在关系，其中参照点是一个特征为"t"（「机」）的事体，通过参照点认定一个搜索域 D，目标 T 定位在这个搜索域中，目标 T 在这个表达式中是未入场的。右侧表达式「本がある」侧显一个绝对存在关系，存在物「本」在这里是一个虚拟事体（空心点）。上方是复合象征结构，显面与「机の上に」相同，侧显一个方位存在关系，参照点与「机の上に」的参照点一致，目标与「机の上に」的目标一致，也与「本がある」中的存在物一致。在成分结构层级，「本がある」中的存在物是虚拟的（权益性虚拟），通过参与到小句中，即在复合结构层级获得实在性，成为一个实在事体。

再看有一致关系的ある/いる构式中的"がに构式"，这一构式表示实在事体的所在。

例句 71：名词が方位にある/いる。

其中，ガ格名词为自主名词时，用动词「いる」；ガ格名词为非自主名词时，用动词「ある」。这一构式图式如图 2-2-7 所示（以「太郎が公園にいる」为例）。

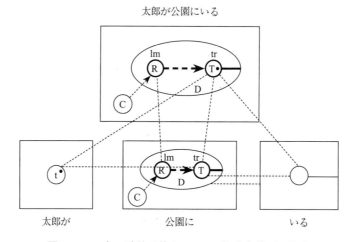

图 2-2-7　有一致关系的ある/いる构式中的がに构式

下方是三个成分结构，左侧表达式「太郎が」唤起一个实在的事体，其特征用"t"表示，实心点表示该事体是实在的。中间的表达式「公園に」唤起一个参照点关系，概念主体通过参照点 R 定位一个搜索域，目标 T 定位在这个搜索域中，其中目标 T 是未入场的。右侧表达式「いる」侧显一个绝对存在关系，其中存在物是未入场的。左侧表达式中的事体"t"与中间表达式的目标、右侧表达式的存在物之间是一致的。在复合结构层级，侧显实在事体的方位存在关系（即"所在关系"）。

无一致关系的有构式包括"にが构式"与"が构式"，"にが构式"表示领有关系，其结构表示如下：

例句 72：名词に自主名词がある。

在领有关系中领有物是虚拟的，这一构式图式如图 2-2-8 所示（以「太郎に孫がある」为例）。

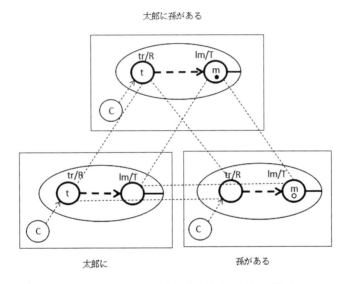

图 2-2-8　无一致关系的有构式中的にが构式

下方是成分象征结构，左侧是表达式「太郎に」的图式，由于「太郎」是一个生命物体名词，而不是方位表达式，因此这里侧显的不是方位，而是领有关系，其中参照点是一个特征为"t"的已入场的实在例示，目标是一个未入场的事体。右侧表达式「孫がある」侧显的也是一个领有关系。因为ガ格名词与动词「ある」之间没有一致关系，因此这个表达式不表示绝对存在，而表示领有关系，其中参照点是未入场的，目标是一个特征为"m"的已入场的虚拟例示。两个成分结构聚合形成复合结构（上方）。复合结构侧显领有关系，与下方的两个成分结构的显面一致。参照点与目标也分别与下方两个成分结构的参照点与目标一致。右下方表达式中的目标「孫」原本是虚拟的，通过进入小句获得了实在性，在复合象征结构层级表现为一个实在事体。

再看无一致关系的ある构式中的"が构式"，这一构式表示绝对存在，其结构表示如下：

例句73：自主名词がある。

绝对存在中的存在物是虚拟的，这一构式的构式特征如图2-2-9所示。

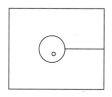

图2-2-9　无一致关系的ある构式中的が构式

综上，在这一节中，本书运用认知语法中语义描述的方式（意象图式）对汉语与日语中表达存在概念与领有概念的构式义进行了分析。这两种语言中，表达存在概念与领有概念的构式都不是专用的。汉语中有两种基本构式，即"有"构式与"在"构式。"有"构式的构式义为领有关系，其中参照点（领有者）充当射体，目标（领有物）充当界标；"在"构式的构式义为实在事体的方位存在，其中参照点（存在物）充当射体，目标（方位）充当界标。日语中也有两种基本构式：一种是"有一致关系的ある/いる构式"，另一种是"无一致关系的ある构式"。有一致关系的ある/いる构式中有两种下位构式，即"にが构式"与"がに构式"。"にが构式"表示存在关系，参照点（方位）充当界标，目标（存在物）充当射体；"がに构式"构式表示所在关系，参照点（存在物）充当射体，目标（方位）充当界标。无一致关系的ある构式有两种下位构式，即"にが构式"与"が构式"。前者表示领有关系，参照点（领有者）充当射体，目标（领有物）充当界标；后者表示绝对存在关系，这一节的内容如表2-2-1所示。

表2-2-1　汉语与日语中的基本构式

	构式名称		构式义	射体身份	界标身份
汉语	"有"构式	位置1为空位	绝对存在	无	无
		位置1为方位	领有	参照点 （领有者）	目标 （领有物）
	"在"构式		实在事体的方位 存在	参照点 （存在物）	目标 （方位）

续表

构式名称		构式义	射体身份	界标身份
日语 有一致关系的ある/いる构式	にが构式	方位存在	目标 （方位）	参照点 （存在物）
	がに构式	实在事体的方位存在	参照点 （存在物）	目标 （方位）
日语 无一致关系的ある构式	にが构式	领有	参照点 领有者）	目标 （领有物）
	が构式	绝对存在	无	无

第三节　概念—构式界面下的汉语与日语中的"存在"与"领有"

本书将构式义为领有关系的构式称为领有构式，将构式义为存在关系的构式称为存在构式。上一节讨论的"有"构式与"无一致关系的ある构式"中的"にが构式"都属于领有构式；"在"构式与"有一致关系的ある/いる构式"中的两种构式都属于存在构式。很多语言中存在着用同一种构式来表达两种概念的现象：汉语中"有"构式既可以表示领有概念，如"张三有一套房子"，也可以表示方位存在概念，如"桌子上有一本书"；日语"有一致关系的ある/いる构式"中的"にが构式"既可以表示存在概念，如「机の上に本がある」，也可以表示领有概念，如「太郎に孫がいる」。本书在这一节重点讨论这种构式的跨概念使用现象。第一部分介绍 Langacker（2009）中对存在构式与领有构式之间关系的分析。第二部分在概念—构式界面上分析汉语与日语中的存在句与领有句中的概念义与构式义交互影响的情况。

一、存在构式与领有构式之间的关系

Langacker 认为，领有与方位存在共享一个基于参照点能力的抽象概念特征。这种抽象的共性使得存在构式可以用于领有概念的表达，领有构式可以用于存在概念的表达。

领有构式是如何用于表达存在概念的呢？这源于领有构式中领有者对领有物控制力的弱化。原型领有句中的控制力可以从物理性扩张到抽象的社会性，如例句74（a）（b）中的控制力体现为物理性的控制力，（c）中的控制力体现为社会关系上抽象的控制力。这种控制力还会发生弱化现象，在某些用法中，如（e）—（f），主语只是体现为体验者，它主要用于充当空间参照点来表明宾语的位置。在最极端的情况下，如（g），领有者完全被动化，仅充当参照点的功能。

例句74：

（a）I have an electric toothbrush.

（b）She has several dogs.

（c）Jones has a very good job.

（d）My brother has frequent headaches.

（e）We have a lot of earthquakes in California.

（f）Sherridan has brown eyes.

（g）Their house has four bedrooms.

（Langacker2009：104）

这种扩展以及弱化便是领有原型与领有图式之间的关系，如图2-3-1所示。C沿着一条心理路径通过R通达到T，这一图式特征是在任何阶段都存在于构式中的。这种主观识解的心理通达路径一直存在，即使R的积极控制完全消失也依然存在。

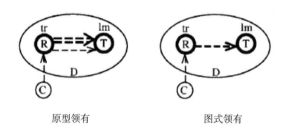

原型领有　　　　　　　　图式领有

图2-3-1　原型领有与图式领有（Langacker2009：104）

在最极端的情况下，当所有积极控制都退去时，剩下的相当于是一个方位存在谓语句。R仅作为参照点，由C唤起，从而定位到T。这时，R的领地被解释为空间性的，成为一个方位性的搜索域。

相反，存在构式是如何发展为表达领有关系的呢？领有与方位存在之间有很大一部分重合，它们都是参照点关系这一抽象概念的例示。由于领有构式和方位存在构式所涉及的概念元素完全相同，因此这一变化只是显面的不同而已。显面由 T 定位于 R 这一关系转化为 R 控制 T 这一关系，如图 2-3-2 所示。这个转换过程中也隐含了初级突显焦点在 T 与 R 之间的转换。因此，转换后 R 成为射体，体现在语法上便是获得主语身份，剩下的 T 充当界标。这种显面的转换是一种简单的转喻，是普遍存在的一种语言学现象。

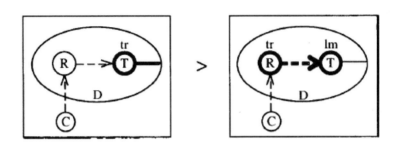

图 2-3-2　领有与存在的转化（Langacker2009：108）

上述领有关系与存在关系相互转化，转喻的关系为二者共用同一构式奠定了基础，也决定了在分析存在句与领有句句义时，可以使用概念—界面的研究方法来进行分析。

二、概念义与构式义的交互影响

当概念义与构式义之间的语义特征存在差异时，二者在融合形成句义时发生交互影响，从而产生特有的句义。这一部分分析汉语与日语中概念义与构式义交互影响的情况。

（一）汉语中的交互影响

汉语中的"有"字存在句是使用领有构式（"有"构式）来表达存在概念的，如"桌子上有一本书"。概念义为"存在"，构式义为"领有"，二者融合形成存在句的过程如图 2-3-3 所示。

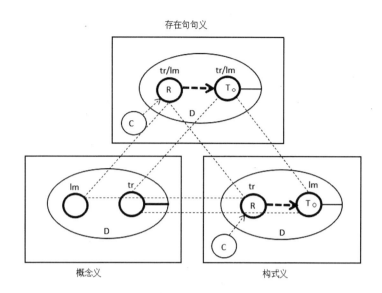

图 2-3-3 汉语"有"字存在句概念义与构式义之间的交互影响

汉语"有"字存在句的概念义为"存在",表示"射体定位在由界标认定的搜索域中";构式义为"领有",可以用参照点能力构式来描述其特征,概念主体 C 通过参照点 R 认定一个领地,领地中有目标 T。领有关系中的目标 T 是虚拟的,图中用空心点来表示。上方是融合后的句义特征,由于概念义与构式义中的射体、界标身份相反,因此在融合过程中发生交互影响,这里体现为射体、界标身份的融合。融合后,参照点与目标具有相同程度的突显度,表现在句义上为方位成分承担了部分主语的功能,因此汉语存在句的句义不再是"存在",而是"某一方位的空间性状态"。

(二)日语中的交互影响

与汉语相反,日语いる领有句使用存在构式来表达领有概念,如「太郎に孫がいる」。概念义为"领有",构式义为"存在",二者融合形成领有句的过程如图 2-3-4 所示。

左下方概念义为"领有",为了看得更清晰,这里用了领有的原型图式。射体认定的领地中有界标,射体对界标有控制力,界标为虚拟的事体。右下方为构式义,即"存在"义,同样用参照点能力来描述。概念主体 C 通过参照点认定一个搜索域，目标 T 定位于这个搜索域中。在概念义与构式义融合的过程中，由于二者的射体、界标身份相反，因此产生概念义与构式义的交互影响，即射体身份与界标身份的融合，导致融合形成的日语领有句中的参照点与目标具有了相同程度的突显度。表现在句义上为领有物承担了部分主语的功能，因此日语领有句的句义不再是"领有"，而是"领有物存在于领有者的领地中"。

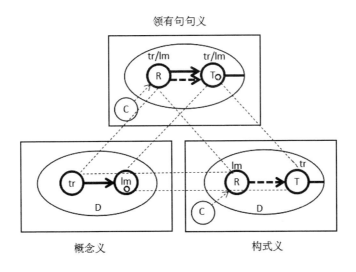

图 2-3-4 日语いる领有句中概念义与构式义的交互影响

在汉语与日语的存在句与领有句中，发生概念义与构式义交互影响的是汉语存在句与日语领有句，由于有这种交互影响的存在，因此出现特殊语言现象的总是汉语存在句与日语领有句，而不是汉语领有句与日语存在句。概念—构式界面分析可以帮助我们更好地理解这些句子中所特有的语言现象。与存在句、领有句相关的语言现象有主语身份模糊现象、定指效应现象以及显性非宾格现象，下文将分别用概念—构式界面研究法来从本质上明确解释这些语言现象出现的动因。

第三章　主语身份模糊现象

　　本章详述日语领有句与汉语存在句中的主语身份模糊问题。在日语中，类似于「太郎に孫がいる／ある」的句子，究竟「太郎」与「孫」哪个名词是句子的主语？这个句子到底是存在句还是领有句？围绕这些问题的探讨层出不穷。在这一章中，我们以日语中这类句子的主语身份问题为研究对象，第一部分具体介绍这一问题，第二部分介绍一些有代表性的研究，第三部分结合汉语中的类似问题，提出本书的观点：日语领有句与汉语存在句中主语身份模糊问题出现的本质原因是句子的概念义与构式义中射体身份交互影响导致的。句中的两个名词分别为概念层级的主语与构式层级的主语。

第一节　日语中的主语问题

一、主语测试方法

　　日语是一种有格助词的黏着语，传统观点认为可以通过格助词来确定名词的语法身份。但是很多学者提出，日语中格助词所标记的名词的身份并不是一成不变的。格助词ガ所标记的名词既可以是句子的主语，也可以是句子的宾语，如「太郎はリンゴが好きだ」。因此，通过格助词来确定名词的身份出现了问题，在这种情况下，一些学者开始借用西方语言学理论中的方法来界定日语句子中的主语身份。在这一节中，我们介绍最常用的两种方法：反身代词约束与敬语化。

（一）反身代词约束

　　一般情况下，日语中的反身代词「自分」的所指与句子主语的所指相同，生成语法中称这种现象为主语约束反身代词，因此可以通过反身代词「自分」的所指来确定句子的主语，如例句 75。

例句 75：太郎ᵢが花子ⱼを自分ᵢ/*ⱼの部屋で叱った。（Kumashiro2016：27）

句中相同的下标表示两个名词的所指相同。句中ガ格名词「太郎」与ヲ格名词「花子」分别是两个不同的所指，因此用下标"i"与"j"来表示。这句话中，反身代词「自分」指ガ格名词「太郎」（即"太郎在太郎的房间里斥责了花子"），与「太郎」的所指相同，与「花子」的所指不同，因此其下标表示为"i/*j"，即「太郎」约束反身代词「自分」，因此这个句子的主语是「太郎」。

（二）敬语化

另一种测试方式与日语中谓语的敬语用法有关。一般来说，日语中谓语动词敬语化的目标是指向主语的，即如果一个句子的谓语使用了敬语形式，那么这个句子的主语是社会地位比较高的人，即尊敬的目标是句子的主语，而不是其他成分，如例句76。

例句 76：

（a）先生が花子に太郎をご紹介になった。

（b）＊太郎が花子に先生をご紹介になった。

（c）＊太郎が先生に花子をご紹介になった。

（Kumashiro2016：25-26）

例句76中三个句子的谓语动词「ご紹介になった」全部用了尊敬语的形式，由于敬语的目标是句子的主语，（a）句中的主语「先生」可以成为尊敬的目标，因此（a）句是成立的；（b）句中的主语「太郎」不能成为尊敬的目标（社会地位不高），虽然直接宾语「先生」可以成为尊敬的目标，但是「先生」不是句子的主语，因此（b）句是不成立的；（c）句中的主语同样为「太郎」，不能成为尊敬的目标，虽然句中间接宾语「先生」可以成为尊敬的目标，但是「先生」不是句子的主语，因此（c）句也是不成立的。通过这些句子的合法性可以看出，日语中谓语敬语化的目标是句子的主语。

二、存在句与领有句的测试

在这一部分，我们用上述测试方法对日语中的存在句与领有句的主语身份进行测试。这里的"存在句"是指句子表达的意义，即概念义属于存在范畴的句子；

"领有句"是指概念义属于领有范畴的句子。首先，我们介绍如何区分日语中的存在句与领有句。

（一）存在句与领有句的区分

存在概念表示的是物理性的空间关系，领有表示抽象的领属关系。在日语中，可以通过二格名词是否可以添加具体的方位词来简单区分这种语义的差别（参考岸本 2005）。

由于存在句表达的是物理性的空间关系，因此句中二格名词表示的是方位成分，可以通过添加方位词使这一场所更加具体，如例句 77 中（a）句与（b）句的语义是基本等同的；领有表达的是抽象的领属关系，因此句中的二格名词不是方位成分，而是领有者，因此不能添加表示具体方位的词，如例句 77 中（c）句与（d）句，（c）句表示领有，指「ジョン」有孩子，（d）句在（c）句中的二格名词后添加了表示方位的「のところ」，整个句子的语义发生改变，不再表示领有，而表示「ジョン」的身边有个孩子，但这个孩子不一定是「ジョン」自己的孩子，描述的是「ジョン」与孩子之间的空间关系，因此是存在句。

例句 77：

（a）テーブルに本がある。

（b）テーブルの上に本がある。

（c）ジョンには子供がいる。

（d）ジョンのところには、子供がいる。

（岸本 2005：165–166）

再如，下面例句 78 中（a）句中ガ格名词为「ペット」，通常是指领有关系，（b）句中ガ格名词为「シラミ」（虱子），一般不会有人把虱子当作宠物来养，因此这句表达的是存在关系。当我们同时给这两句加上表示具体位置的「の体」时，两个句子表现出不同的结果。（a）句由于表达的是领有关系，方位成分与领有者的语义角色有冲突，因此句子不成立；（b）句表达的是存在关系，方位成分与存在关系的语义角色一致，因此句子依然成立。

例句 78：

（a）ジョンにはペットがいた。/* ジョンの体にペットがいた。

（b）ジョンにはシラミがいた。/ ジョンの体にシラミがいた。

（岸本 2005：167）

（二）存在句与领有句的主语测试

接下来用上文提到的测试方法来对日语存在句与领有句中的主语进行定位（参考岸本 2005）。首先，用反身代词约束方法进行测试。

例句 79：

（a）部屋にジョンがいる。→ 自分$_i$の部屋にジョン$_i$がいる（こと）

（b）ジョンにシラミがいる。→ *ジョン$_i$に自分$_i$のシラミがいる（こと）

（岸本 2005：169）

例句 79 中（a）与（b）均为存在句。（a）句表示"房间里有约翰"，在二格名词「部屋」前加上反身代词「自分」后，反身代词「自分」与ガ格名词「ジョン」的所指相同，即"约翰自己的房间中有约翰"，因此ガ格名词「ジョン」为句子的主语；（b）句表示"约翰（身上）有跳蚤"，在ガ格名词「シラミ」前加上反身代词「自分」后，句子合法性降低，即反身代词「自分」与二格名词「ジョン」的所指不相同，二格名词「ジョン」不是句子的主语。下面再看领有句：

例句 80：

（a）ジョンにお金がある。→ ジョン$_i$に自分$_i$のお金がある（こと）

（b）友達に親戚がある。→ *自分$_i$の友達に親戚$_i$がある（こと）

（岸本 2005：169）

例句 80 中（a）（b）两句均为领有句，（a）句表示"约翰有钱"，在句中的ガ格名词「お金」前加上反身代词「自分」后，句子依然成立，反身代词「自分」与二格名词「ジョン」的所指相同，即"约翰有自己的钱"，因此二格名词「ジョン」是句子的主语；（b）句表示"朋友有亲戚"，在二格名词「友達」前加上反身代词「自分」后，句子不成立，即反身代词「自分」与ガ格名词「親戚」所指不相同，ガ格名词「親戚」不是句子的主语。

综上，通过反身代词约束的方法进行测试后，日语存在句中的主语为ガ格名词，领有句中的主语为二格名词。

接下来用敬语化方法进行测试。首先，看存在句，具体如下：

例句81：公園に木村先生がいらっしゃる。（岸本 2005：198）

例句81 意为"公园里有木村老师"，谓语「いらっしゃる」是「いる」的敬语形式，句中可以表示敬意的名词是「木村先生」，即谓语敬语化的目标是ガ格名词，因此存在句中的主语为ガ格名词。

再看领有句。领有句中的情况较为复杂。前面提到过，日语中表示存在的谓语「ある」与「いる」的区别在于ガ格名词自主性的有无，非自主名词用「ある」，自主性名词用「いる」，这种一致关系在领有句中不是必需的，如例句82。

例句82：私に結婚を約束した人が｛ある／いる｝。（金水 2002：487）

ガ格名词「結婚を約束した人」虽为自主性物体，却既可以使用「いる」表达，也可以使用「ある」表达，本书称前者为"いる领有句"，后者为"ある领有句"。ある领有句中敬语的目标很容易判断，如例句83。

例句83：木村先生には、お子さんがおありになる。（岸本 2005：198）

例句83 意为"木村老师有孩子"，其谓语「おありになる」是「ある」的敬语形式，属于ある领有句。句中可以表示敬意的名词为「木村先生」，也就是说，谓语敬语形式的目标为二格名词，因此ある领有句中的主语为二格名词。

与ある领有句不同，いる领有句在这一测试方法中表现出了两种结果，如例句84。

例句84：君には、（立派な）｛両親／おじさん｝がいらっしゃる。

例句85：木村先生には、三人の子供がいらっしゃる。

（岸本 2005：199）

例句84 中谓语「いらっしゃる」是「いる」的敬语形式，属于いる领有句，句中可以表示敬意的名词是「（立派な）｛両親／おじさん｝」，即谓语敬语形式的目标为ガ格名词，说明这个句子中的主语是ガ格名词。再看例句85，句子中可以表示敬意的名词是「木村先生」，说明这个句子的主语是二格名词，与例句84 的测试结果矛盾。也就是说，用敬语化测试来认定主语时，いる领有句的主语认定出现了矛盾。

综上，可以将以上测试主语的情况总结如表3-1-1 所示。

表 3-1-1　主语测试结果

测试	句型	主语	例句
反身代词约束	存在句	ガ格名词	自分ᵢの部屋にジョンᵢがいる
	领有句	二格名词	ジョンᵢに自分ᵢのお金がある
敬语化	存在句	ガ格名词	公園に木村先生がいらっしゃる
	いる领有句	二格名词/ガ格名词	木村先生には、三人の子供がいらっしゃる。君には、（立派な）{両親/おじさん}がいらっしゃる
	ある领有句	二格名词	木村先生には、三人の子供がおありになる

从以上测试中可以看出：日语存在句与ある领有句中的主语比较容易认定，其中，存在句主语为ガ格名词，ある领有句中的主语为二格名词。いる领有句中的主语情况较为复杂，二格名词与ガ格名词都体现出了一定的主语性。针对这一现象，不同的学者给出了不同的解释方法。

第二节　既往研究

对日语领有句主语的研究主要有以下三种：Shibatani（2001）认为いる领有句中二格名词与ガ格名词均为主语，其中一个是大主语，一个是小主语；岸本（2005）认为いる领有句中二格名词为主语，ガ格名词为宾语；Kumashiro（2016）认为二格名词与ガ格名词分别是两个不同层级上的主语，二格名词是小句层级的主语，ガ格名词是谓语层级的主语。

一、Shibatani（2001）

Shibatani 在他早些年的研究中认为领有句中的与格（二格）名词充当主语，主格（ガ格）名词充当宾语。之后他在 Shibatani（2001）中更改了自己的观点，认为いる领有句中的主语是双主语构式，并且做了如下描述：

双主语结构

与格名词　[主格名词：谓语]

大主语　　小主语

（Shibatani2001：213）

他认为与格—主语结构（即二ガ结构）中谓语的不及物性是内在的，因此其内部的ガ格名词充当不及物谓语的"小主语"。外面的二格名词充当"大主语"，用来明示一个域，在这个域中包含一个状态事件。在支配方面，两个名词都是主语，其中大主语比小主语的地位更稳固，因此通常情况下可以控制反身代词，并且成为谓语敬语的目标。ガ格名词的主语身份虽然较弱，基于以下两点，Shibatani 仍然认为它是主语。

ガ格名词的主语性[①]：

①由主格助词ガ标记。

②在いる领有句中是敬语形式的目标。

第一个原因是该名词由主格助词ガ标记。Shibatani 认为现代日语中格助词ガ的主要功能是用来标记句子的主语。另一个原因是ガ格名词可以成为谓语敬语化的目标。

例句 86：

いる领有句

（a）君に立派な両親がおいでになる。

（b）＊畑先生にシラミがおいでになる。

（Shibatani2001：210）

例句 86(a)是いる领有句，敬语动词「おいでになる」是「いる」的敬语形式，句中ガ格名词「立派な両親」是敬语化的目标，由于这个句子是成立的，因此ガ格名词可以成为いる领有句中敬语化的目标。（b）句意为"畑老师（身上）有跳蚤"，其中二格名词是敬语化的目标，但是由于句子是不成立的，因此这个句子中二格名词不能成为敬语化的目标。因此这句话中ガ格名词是主语。

Shibatani（2001）的观点中存在以下问题：首先，主语性的第一条。虽然现代日语中格助词ガ的主要功能是标记主语，但这并不意味着只要被ガ标记的名词就一定是句子的主语。Kumashiro（2016）认为格助词ガ的特征不应该被描述为语法关系中主语的标记，而应该是侧显事件链中的中心词标记。

其次，主语性的第二条。いる领有结构中ガ格名词可以成为敬语化的目标，但是无法解释例句 87 与例句 88 的区别。

---

① 原文为：SUBJECTHOOD OF NOMINATIVE NOMINAL：a. Marked by the nominative marker ga. b.Controls subject honorification in the iru-possessive construction.

例句87：君には、（立派な）｛両親／おじさん｝がいらっしゃる。

例句88：木村先生には、三人の子供がいらっしゃる。

另外，柴田（1978）中认为例句87的用法是日语领有句中的典型用法，例句88是领有句的周边现象，其成立的原因是，例句88是存在句与领有句混合在一起产生的现象。这种观点同样也有问题，为什么将例句87认定为典型用法，将例句88认定为周边现象，柴田（1978）并没有给出合理的解释。

二、岸本（2005）

Kishimoto（2004）、岸本（2005）的分析与 Shibatani 不同，他并没有完全否定 Shibatani（2001）的分析，与 Shibatani（2001）不同的是，其认为与格—主格结构（ニガ结构）中的谓语是及物的，是单层结构的句子（mono-clausal），而不是双重结构的句子（bi-clausal）。Kishimoto 的主要观点可以概括如下：

及物

[二格名词　ガ格名词 谓语]

主语　　直接宾语

岸本认为，句中的二格名词充当主语，ガ格名词充当直接宾语。针对いる领有句中敬语化目标的问题，如例句89。

例句89：

（a）君には、（立派な）｛両親／おじさん｝がいらっしゃる。

（b）木村先生には、三人の子供がいらっしゃる。

例句89中虽然敬语化的目标是ガ格名词，但并不意味着ガ格名词就是主语。岸本认为日语中谓语敬语化的目标既可以是ガ格名词，也可以是二格名词，用敬语化来测试主语是不可靠的。事实上，其他主语测试的方法都一致地说明了例句89中的主语为二格名词。

例句90：

（a）君${}_i$にも自分${}_i$の両親がいらっしゃるだろう。

（b）両親${}_i$が自分${}_i$のいとこにもいらっしゃるだろう。

（岸本2005：200）

针对例句90（a）与例句90（b）的区别，Kishimoto 主张，いる领有句中，

二格名词与ガ格名词都可以成为谓语敬语形式的目标，至于例句 90（a）为什么合法，角田（1991）、Tsunoda（1996）指出，通常情况下，谓语敬语化的目标为主语，但是某些条件下，也可以以其他成文为目标。

也就是说，主语以外的名词也可以成为敬语化的目标。

一般情况下，敬语化的目标应为句子中主语位置的名词。角田（1991）、Tsunoda（1996）认为，敬意指向的名词与主语名词之间如果有密切的所有者倾斜关系（possessive cline）时，敬语化的目标也可以是主语以外的成分。岸本（2005）认为例句 90（a）中的ガ格名词与二格名词之间有这种所有者倾斜关系，因此句中主语以外的成分，即ガ格名词成为敬语化的目标。

岸本的观点中也存在问题。Kumashiro（2016）认为例句 90（a）的可接受程度与领有者倾斜不一致，Tsunoda 提出的领有者倾斜表达的是领有层级对语法现象的敏感性。表述如下：

领有者倾斜

身体部分＞固有属性＞衣物＞（亲属关系）＞宠物＞产品＞其他领有物

（Tsunoda1996：576）

Tsunoda 认为在身体部分以及固有属性作为主语的情况下，敬语化是完全可以接受的，衣物类的接受程度则很低。

三、Kumashiro（2016）

针对领有句中主语的身份问题，Kumashiro（2016）在认知语法的框架中提出如下主张：日语存在句与领有句中的主语应当在两个不同的层面上来定义：一个是小句层面的主语，另一个是谓语层面的主语。常用的主语测试中，反身代词约束测试是专门用来测试小句层面主语的方法，敬语化则是专门用来测试谓语层面主语的。日语存在句中的ガ格名词既充当小句层面的主语，也充当谓语层面的主语；ある领有句中的二格名词充当两个层面的主语；いる领有句中的主语分裂为两部分，二格名词充当小句层面的主语，ガ格名词充当谓语层面的主语。下面进行详细说明：

Kumashiro 认为一个事件中两个参与者之间的互动有直接的，也有分层的，如以下例句：

例句91：

（a）太郎が花瓶を壊した。

（b）台風で何百人もの人が死んだ。

（Kumashiro2016：3）

例句91（a）描述了两个参与者「太郎」与「花瓶」之间的直接互动，分别是句子的主语与宾语；例句91（b）描述的是「台風」与「何百人もの人」之间分层的互动，即事件「何百人もの人が死んだ」发生在这次「台風」中。这两种互动形式的区别如图3-2-1所示：左图表示直接互动，实体E_1与实体E_2之间的互动关系为R_1；右图表示分层互动，实体E_2自身形成一个关系R_2，E_2与R_2整体构成一个新的实体E_3，E_3与E_1之间形成互动关系R_1。分层互动是日语典型的识解方式。

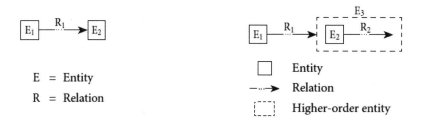

图 3-2-1　直接互动与分层互动（Kumashiro2016：2）

Kumashiro 认为日语中的存在句与领有句均为分层互动[1]。其中，ガ格名词与谓语动词形成一种关系，它们构成一个新的实体，这个新的实体与ニ格名词在另一个层次形成第二种关系。如存在句「研究室の前に先生がいる」中，ガ格名词「先生」与谓语动词「いる」形成存在关系，它们构成一个新的实体，即「先生がいる」。这个新的实体在另一个层次上与ニ格名词「研究室の前」形成定位关系，即新的实体「先生がいる」定位在ニ格名词明示的区域中。这两个层级上分别有各自的主语，「先生がいる」这个层级上的主语为谓语层级的主语，整个句子「研究室の前に先生がいる」层级上的主语为小句层级的主语。

两种测试的层级 Langacker（1986a，1986b，1987a，1987b，1991：350）列出了典型的主语应该具备以下三种性质：

---

[1]　Kumashiro 认为日语中的ニガ构式的识解方式都是分层互动。

第一，该名词被识解为参与者。

第二，该名词与谓语的射体一致。

第三，该名词与小句组织层次的射体一致。

基于这一描述，Kumashiro（2016）提出日语中反身代词约束与敬语化的触发条件为以下两点：

第一，反身代词约束由小句层级的主语触发，也就是小句层级的射体。

第二，敬语化由谓语层级的主语触发，也就是谓语层级的射体。

Kumashiro 认为用来进行主语测试的两种常用方法——反身代词约束与敬语化分别测试的是不同层级的主语性。敬语化测试中的主语性是谓语层级的主语性，反身代词测试中的主语性是小句层级的主语性。

敬语化测试之所以决定谓语层级的主语，是因为日语中的敬语表达是一种通过添加（affixation）、迂回（periphrasis）、替换（suppletion）等手段来对谓语进行词汇性调节的方法。

例句 92：附加法：長い→お長い。

例句 93：迂回法：紹介する→ご紹介になる。

例句 94：替换法：食べる→召し上がる。

例句 92 中通过在形容词前添加前缀「お」来构成其敬语形式「お長い」，例句 93 中动词通过迂回说法来构成其敬语形式「ご紹介になる」，例句 94 中动词通过替换另一个动词形式来表达尊敬。Kumashiro 认为这里的语义结构是由谓语来表示的，不存在小句层级的主语这一概念，也就是说，只有一个参与者充当显面关系中的射体。因此，敬语化的目标被限定在了子结构中，也就是谓语层级中的主语。

如图 3-2-2 所示，描述了敬语前缀与谓语成分的语义结构。敬语前缀是在词汇层级融入整个结构的。右下方表示一个具体的过程，其具体特征简略表示为"Y"，与左下方的敬语前缀结合。敬语前缀仅侧显了一个未入场的过程，但是明示了谓语层级的主语得到了社会身份的提升。上方是它们的复合结构，是一个简略标记为 Y 的过程，这个过程与右下方的过程一致。复合结构中还有一个提升了的谓语层级的主语，与左下方的提升一致。这个复合结构只是一个谓语层级的描述，没有任何小句层级的主语。

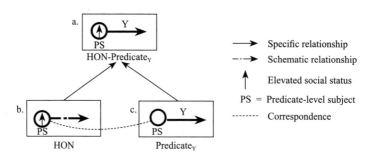

图 3-2-2　敬语前缀与谓语成分的语义结构（Kumashiro2016：89）

反身代词约束中的「自分」是一个完整的名词，不是词缀。名词短语是在小句层级融入整个结构中的，因此从逻辑上来说，反身代词约束发生在小句的领地。如图 3-2-3 所示，是反身代词「自分」融入小句结构的图式语义结构。右下方代表一个过程，其语义特征为 Y，其中包含一个谓语层级的主语和另一个元素（小圆圈），以抽象的形式进入小句结构。下方中间是「自分」的语义结构，侧显一个由别的元素认定的元素参与到一个图式的关系中。左下方的是一个拥有 X 特征的参与者，当它进入小句结构中后将会充当小句层级的主语。

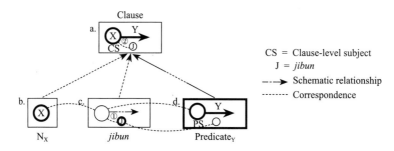

图 3-2-3　反身代词与小句的语义结构（Kumashiro2016：90）

所有这些成分结构都进入了更高一级的复合结构（图中上方所示）。这个复合结构侧显一个语义特征为 Y 的过程，这个过程中的参与者的特征为 X，充当小句层级的主语，与"自分"同指。反身代词的认定只可能发生在小句的组织层级。

Kumashiro（2016）认为日语中的存在句与领有句的区别可以用场景—参与者结构来进行描述。存在句是参与者主语结构，图 3-2-4 表示日语存在句的图式结构。图中圆圈代表参与者，箭头表示存在关系，矩形代表方位场景，在这个场景中发生了一个事件。以「研究室の前に先生がいる」一句为例，「先生」是参与者，参与到了「いる」的关系中。「先生がいる」这一关系被描述为发生在「研究室の前」这一方位中。注意，在这个结构中参与者是主语，而不是场景名词。场景名词在这里只是充当背景，明示事件的位置。此外，图中描述了两种关系：存在关系（由箭头表示）和位置场景事件关系（locational setting-event）（由垂直的虚线表示），被侧显的部分只有存在关系。

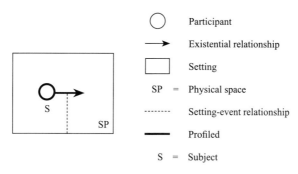

Participant

Existential relationship

Setting

SP = Physical space

-------- Setting-event relationship

Profiled

S = Subject

图 3-2-4 存在句（Kumashiro2016：94）

相反，日语ある领有句是场景主语结构。ある领有句是一种参照点构式，如图 3-2-5 所示，其中二格名词是一个指人的实体，在这里转喻（metonymy）为这个人的领地，如「太郎に子供がある」，句中ガ格名词「子供」被识解为存在于二格名词「太郎」领地中的一个实体。这里的领地不是一个单纯的、可以定位实体的空间，而是一个可以定位事件的想象空间，这句话中「太郎」的领地被明示为一个可以定位「子供がある」这样一个事件的方位。

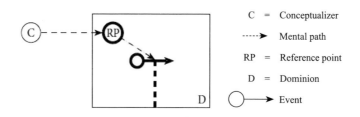

C = Conceptualizer

------> Mental path

RP = Reference point

D = Dominion

Event

图 3-2-5 ある领有句（Kumashiro2016：60）

下面是ある领有句与存在句的语义结构对比图（图 3-2-6）。左边是ある领有结构，右边是存在结构，它们的区别体现在显面的不同上：ある领有句侧显场景—事件关系，因此显面中的参与者也得到侧显，参与者即二格名词。由此，二格名词获得主语身份（图中的显面用黑体来表示），存在句中只有事件被侧显，场景充当背景。

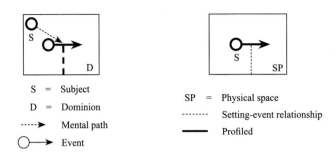

图 3-2-6　ある领有句与存在句（Kumashiro2016：62）

在场景—参与者结构中，参与者可以充当主语（存在句），场景也可以充当主语（ある领有句）。此外，二者可以同时充当不同层次的主语（いる领有句），Kumashiro（2016）称这种构式为分裂主语构式。日语中的いる领有句与ある领有句分属不同的构式，ある领有句是场景主语构式，いる领有句是分裂主语构式。其中二格名词充当小句层面的主语（CS），ガ格名词充当谓语层面的主语（PS），如图 3-2-7 所示。

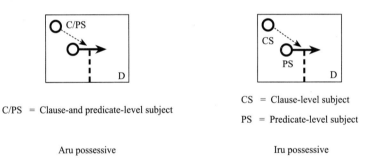

图 3-2-7　ある领有句与いる领有句（Kumashiro2016：85）

综上所述，日语存在句、ある领有句、いる领有句的主语性分布情况可以用下表（表 3-2-1）来表示：

表 3-2-1　三种句式主语性分布（Kumashiro2016：83）

	小句层级主语	谓语层级主语
存在句（参与者主语构式）	ガ格名词	ガ格名词
ある领有句（场景主语构式）	二格名词	二格名词
いる领有句（分裂主语构式）	二格名词	ガ格名词

具体来说，日语存在句中，小句层级的主语和谓语层级的主语都集中于ガ格

名词上；ある领有句中，这两个主语的特征都集中到了二格名词上；在いる领有句中，两个主语特征分别分配到了不同的名词上，二格名词仅充当小句层级的主语，ガ格名词仅充当谓语层面的主语。

下面（图 3-2-8）是这三种构式的语义结构，它们反映了小句层级主语（CS）和谓语层级主语（PS）分布的差异。在参与者—主语构式中，显面限定在事件（由带箭头的圆表示）上，其中的名词性成分参与者与两个层级的主语身份一致；在场景—主语构式中，显面身份给予了场景—事件关系（由垂直的虚线表示），两个主语性都转变到了二格场景上；在分裂主语构式中，显面同样是场景—事件关系，但是主语性不是集中在一个名词上的，小句层级的主语性来自二格场景，谓语层级的主语性来自ガ格参与者。

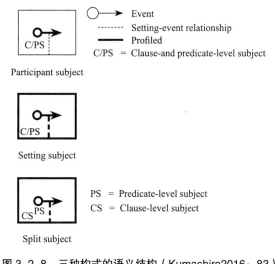

图 3-2-8　三种构式的语义结构（Kumashiro2016：83）

Kumashiro（2016）的分析中也是存在问题的。首先，分裂主语这一观点虽然解决了反身代词约束与敬语化两种测试方法结果不一样的问题，但是依然无法解释例句 95 与例句 96 的差异。

例句 95：君には、（立派な）┆両親 / おじさん┆がいらっしゃる。

例句 96：木村先生には、三人の子供がいらっしゃる。

这两个句子都是いる领有句，按照 Kumashiro（2016）的观点，敬语化测试谓语层级的主语，例句 95 中敬语化的目标是ガ格名词，因此ガ格名词是谓语层级的主语；例句 96 中敬语化的目标是二格名词，因此二格名词是谓语层级的主语。例句 95 与例句 96 是完全相同的句型（いる领有句），却有不同的谓语层级的主语，这一点无法用 Kumashiro（2016）的观点解释。

其次，Kumashiro（2016）认为日语中ニガ结构为分层互动的主要依据为：这一结构中的ガ格名词与谓语应当唤起一个部分自治的结构，即不严格要求由ニ格名词构成的场景部分，如「花子に家が三軒ある」中ガ格名词和谓语唤起的部分为「家が三軒ある」，这个结构基本上是一个独立的语义结构。但是，日语领有句中的ガ格名词和谓语唤起的部分不总是部分自治的。本书在前文中提到过，领有概念有一个特征：有序性，即目标是通过参照物通达的，也就是说，目标不是自治的，这一点在亲属关系中表现尤为明显。如「太郎に孫がいる」，ガ格名词「孫」是一个相对名词，这个名词的认定是需要领有者的，也就是说「孫がある/いる」这个结构不是自治的，必须有领有者的出现，如「太郎の孫がいる」或者「太郎に孫がいる」。因此，本书认为，日语领有句虽然其形式为ニガ结构（ニガ结构大部分是分层互动的），但是领有的概念义不是分层互动的。

第三节　本书的观点

主语身份认定的问题与主语的定义密切相关，不同的认定方法必然导致不同的结果。本书采用认知语法中对主语的定义，认知语法通过突显的主次关系来认定某一关系中的主语身份，主要突显焦点为射体，即主语。这一定义是基于语义的，也就是说，一个句子在概念层次上是有主语的，在构式层次上也是有主语的。一方面，日语いる领有句中主语模糊的现象是典型的概念义与构式义交互影响的结果。另一方面，日语存在句与ある领有句中没有这一现象也说明了这一观点的正确性。不只是在日语中，在汉语中也是一样，只要概念义与构式义中射体身份不同，就会表现出主语模糊的现象。在这一节中，首先解释日语中三种句式（存在句、ある领有句、いる领有句）中的主语分析方法，其次用同一理论来阐述汉语中的类似问题。

一、日语中三种句式的主语身份

每个句子都有其概念义与构式义，这两者通常是一致的，因此会忽略这两个

层次上语义的交互影响。日语中的存在句、ある领有句、いる领有句在这一点上都是有区别的。

（一）存在句

日语存在句表达的概念义是方位存在[①]，方位存在的概念义表示射体定位在由界标认定的搜索域中。为了表示方便，这里将方位成分用 X 表示，存在物用 Y 表示，上述概念义可以表示为 Y 定位在由 X 认定的搜索域中。下图左下方为存在句的概念义图式。其中，X 充当界标，Y 充当射体。也就是说，在概念层级上，日语存在句的主语为 Y。

在构式层级上，日语中用来表达存在句的构式为"有一致关系的ある/いる构式"中的"にが构式"。简略表示为「X に Y がある/いる」。Y 为非自主性物体时，动词使用ある，Y 为自主性物体时，动词使用いる。这种构式的构式义是表示方位存在的。构式的语义特征可以用参照点能力来表示，其中参照点 R（X）充当界标，目标 T（Y）充当射体，如下图右下方所示。与概念层级相同，构式层级的主语也是 Y。概念义与构式义融合之后，产生的存在句中的射体身份既与概念义相同，也与构式义相同，没有交互影响产生，因此存在句中主语的身份很容易认定，即目标 T（Y）。这三者之间的关系，如图 3-3-1 所示。

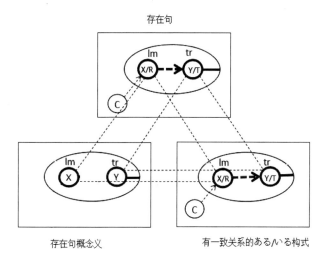

图 3-3-1　日语存在句

---

① 本书暂不讨论绝对存在的问题。

（二）ある领有句

ある领有句表示的概念为领有关系。领有概念可以简单描述为"领有者的领地中有领有物"。同样，用 X 表示领有者，用 Y 表示领有物，上述概念义可以简单描述为"X 的领地中有 Y"。与方位存在关系不同的是，在领有概念中领有者，即 X 充当射体，领有物，即 Y 充当界标。也就是说，在概念层级上，ある领有句的主语为 X。

在构式层级上，ある领有句构式中ガ格名词与动词之间没有一致关系，属于"无一致关系的ある构式"中的"にが构式"，简略表示为"X に自主性物体 Y がある"。这种构式的构式义是表示领有关系的。语义特征也可以用参照点能力来表示，其中领有者 X，即参照点 R 充当射体，领有物 Y，即目标 T 充当界标。也就是说，在构式层级上，ある领有句的主语为 X。由于ある领有句的概念义与构式义的射体身份一致，因此没有冲突产生，概念义与构式义融合后产生的ある领有句中主语身份明确，为 X。这三者之间的融合关系如图 3-3-2 所示。

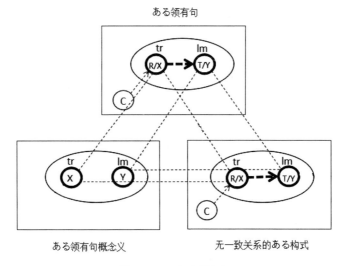

図 3-3-2　ある领有句

（三）いる领有句

いる领有句表示的概念为领有关系，语义特征同样为"领有者 X 的领地中有领有物 Y"。其中领有者 X 充当射体，领有物 Y 充当界标。也就是说，在概念层级上，いる领有句的主语为 X。

在构式层级上，いる领有句构式中ガ格名词与动词之间存在一致关系，属于"有一致关系的いる构式"中的"にが构式"，简略表示为"Ｘに自主性物体Ｙがいる"，这种构式的构式义是表示方位存在的。语义特征同样可以用参照点能力来表示，与概念义不同，其中参照点Ｒ（Ｘ）充当界标，目标Ｔ（Ｙ）充当射体。也就是说，在构式层级上，いる领有句的主语为Ｙ。三者之间的关系如图3-3-3所示。

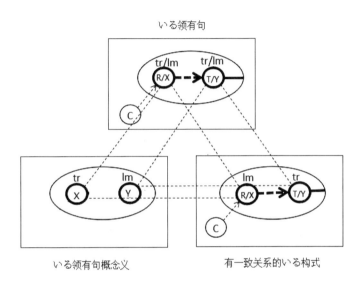

いる领有句

いる领有句概念义　　　　　　有一致关系的いる构式

图3-3-3　いる领有句

いる领有句是用存在构式来表达领有关系的，图中左下方为いる领有句的概念义，右下方为构式义，上方是二者融合形成的いる领有句。在融合形成的いる领有句中，其射体／界标的身份应当既与概念义一致，又与构式义一致。由于概念义与构式义中的射体／界标身份不一致，导致二者在融合的过程中发生交互影响，表现为射体与界标的身份融合，二者获得相同的突显度。表现在语法上就是主语身份的模糊化，因此即使使用同一种测试方法，如敬语化，也可能表现出例句97与例句98这样不同的结果。究其原因，是这类句式的概念义与构式义中射体与界标身份交互影响产生的现象。

例句97：君には、（立派な）｛両親／おじさん｝がいらっしゃる。

例句98：木村先生には、三人の子供がいらっしゃる。

这种情况下，由于两个名词拥有相同的突显度，因此是可以将两个名词都看作主语的。至于两个主语之间的区别，由于二格名词的主语性来源于概念义，ガ格名词的主语性来源于构式义，因此本书认为应当将这两个名词分别定义为概念层次的主语与构式层次的主语。

Shibatani（2001）认为将二格名词与ガ格名词分为大主语与小主语的区别是，大多数主语测试的结果指向了二格名词，只有敬语化这一测试的结果指向ガ格名词。事实上，反身代词约束测试的是构式层级的主语，敬语化测试的是句义层级的主语。通过测试结果的多寡来认定主语性的大小，这种方法是缺乏说服力的，应当从本质上厘清两种主语性的区别，即本书提出的概念层级的主语与构式层级的主语。

Kumashiro（2016）将二格名词与ガ格名词分别区分为小句层级的主语与谓语层级的主语，其理由为いる领有句是分层互动的，小句层级包括的范围是「太郎に孫がいる」整个句子，谓语层级包括的范围是「孫がいる」。事实上，日语领有句是否分层互动也要从概念与构式两个层级来看。在概念层级，いる领有句的概念义为"领有"，"领有"概念中领有物是依附于领有者存在的，因此互动方式不是分层的，而是单一的，在这一层级上的主语为领有者「太郎」；いる领有句在构式层面上，由于ガ格名词与谓语动词之间存在一致关系，其语义为"存在"义，因此ガ格名词与谓语动词可以组成一个部分自治的结构，也就是说互动方式是分层的，这一层级上的主语为ガ格名词。由于概念层级与构式层级的主语不一致，因此最终融合形成的いる领有句中的主语身份一定会出现模糊的现象。

二、汉语存在句中的主语问题

既然日语领有句中主语身份模糊的问题是由于概念义与构式义中射体与界体身份交互影响导致的，那么汉语中存在句的主语身份认定应该也会产生相同的问题。事实上，也是这样的，汉语中表示存在概念的构式有"有"构式与"在"构式。其中，概念义与构式义发生交互影响的是用"有"构式表达的存在句，这类存在句中的存在物是虚拟的。

具体来说，汉语中表示虚拟事体方位存在的句子是指下面这种类型的句子：

例句99：（章星老师）说："昨夜柑橘里有一封短信，信是用香烟里的锡纸卷着塞进柑橘里藏着的……"（王火《战争和人》）

句子的结构为"X 有 Y"，其中 X 表示一个方位，Y 表示存在物。由于汉语是 SVO（Subject Verb Object，主谓宾结构）型语言，一般来说，可以根据语序来判断名词在句子中的语法身份。动词前名词短语多是主语，动词后名词短语是宾语，如"张三打了李四"中，动词前名词短语"张三"是主语，动词后名词短语"李四"是宾语。然而，存在句的情况比较复杂。存在句中动词前的成分不是严格意义上的名词短语，而是方位短语，这对于其语法身份的认定加大了技术难度。

有些人认为句首的方位短语是句子的主语（Huang1987、Gu1992、Li1990），如例句 99 中的"柑橘里"，也有人认为句子的主语应为存在物名词（韩景泉2001），如例句 99 中的"一封短信"。在汉语中，反身代词约束与敬语化两种主语测试都不适用。汉语中约束反身代词的成分不一定是主语，汉语中的谓语也不像日语一样有规则的敬语形式变化，因此只能寻求别的方法来认定主语身份。下面先对这两派观点做大致的介绍：

认为方位短语为主语成分的原因基本上都与非宾格假设有关。非宾格假设[①]是指有一类动词只有内论元，没有外论元，如英语的"be"。非宾格动词没有给这个唯一论元指派宾格的能力，因此这类动词的唯一论元在表层结构中或者出现在主语位置上，从时态处获得主格，如"Mary is in the garden"，唯一论元"Mary"在动词前做主语；或者主语位置被其他成分占据，如英语中的"there"，使内论元可以保留在宾语的位置，如"There is a girl in the garden"，唯一论元"a girl"留在了宾语位置（动词后位置）。Gu（1992）、Li（1990）认为汉语存现句[②]中的动词也是非宾格动词，只有一个内论元。与英语 there 句类似，方位短语占据了句中主语的位置（动词前位置），去掉介词"在"，充当句子的主语，动词的唯一论元得以保留在宾语的位置。

这种观点是以非宾格理论为前提的。汉语的存现句中是否存在"移位"这一操作是没有依据的，因为在汉语存在句中，所谓的唯一论元是不能直接作句子的主语的。按照非宾格假设，如主语位置没有被方位短语占据，非宾格动词的唯一论元应当移位到主语位置作句子的主语，那么"桌子上有一本书"应该改为"一本书桌子上有"，这个句子显然不成立。如果稍加修改，改为"一本书在桌子上"

---

① 有关非宾格假设的详细探讨请参考第五章。

② 这里的存现句包括存在句。

或者"有一本书在桌子上"，读起来虽然舒服了些，但是仍然存在问题。前者的主语虽然是"一本书"，但是汉语的"在"字句中主语一般为定指名词，非定指名词用作"在"字句的主语非常不自然；后者虽然是一个完全合乎语感的句子，但是论元"一本书"的位置仍然在动词之后，没有作句子的主语，因此这种"移位"说是站不住脚的。

韩景泉（2001）认为方位短语不是句子的主语，而是句子的状语性主题。其理由为范晓（1998）指出的观点，即汉语的主语前面不能带有介词，并且主语应该是动词的论元。存在句中的方位短语前面都可以加上一个介词"在"，语义不变，并且不是动词的论元，因此不是句子真正的主语。韩景泉（2001）认为存在句中的方位短语是从动词后移至句首，然后删除介词后形成的，只是句子的状语成分在语用上作句子的主题，实际的主语位置是一个空位，同时也认为汉语属于主语空位语言（pro-drop language）。

这一观点首先混淆了"可以加介词"与"没有介词"的概念。存在句句首的方位短语是没有介词的，虽然加上介词"在"之后语义不变，但是二者的性质是不同的，如例句100。

例句100①：

（a）在屋子里有一个小孩在玩耍。→有一个小孩在屋子里玩耍。

（b）在桌子上有一本书。→有一本书在桌子上。

例句101②：桌子上有一本书。→*有一本书桌子上。

有介词的方位成分在句子中作状语，有一个特征是位置相对自由，如例句100（a）和（b），状语成分既可以在句首，也可以在句中；没有介词的方位成分则没有这一特征，位置是不能随便更改的，如例句101，将句首方位成分移到句中后，句子便不成立了。

由于汉语中没有测定主语的有效方法，以上提到的观点均主观性太强，因此存在句中方位短语的语法身份问题一直没有得到解决。用本书的观点，即概念义与构式义之间的交互影响，便可以很清晰地解释这一现象。

这类句子的概念义为虚拟物体的方位存在，其概念义为"射体定位在由界

---

① 作者自创例句。

② 作者自创例句。

标认定的搜索域中"。以"桌子上有一本书"为例，"桌子"充当界标，"一本书"充当射体，也就是说，这类句子概念义层次上的主语是"一本书"。

在构式义层级上，"有"构式侧显一个领有关系，如图 3-3-4 所示的右下方图式。可以用参照点能力来描述特征，参照点 R 充当射体，目标 T 充当界标。参照点 R 与目标 T 都是未入场的，分别与左下方概念义中"桌子"与"一本书"一致，通过与概念义的融合形成存在句。存在句的参照点与目标也分别与概念义和构式义中的参照点与目标一致。在射体、界标身份上，由于概念义与构式义中的射体身份不同，概念义与构式义之间发生交互影响，即射体、界标身份融合，两个名词短语获得相同程度的突显，体现在语法上则是主语身份的模糊，即在汉语存在句中，概念义层次的主语为存在物，构式义层次的主语为方位成分。

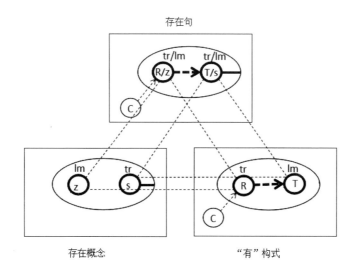

图 3-3-4　汉语"有"字存在句

第四节　小结

在这一章中，本书探讨了日语领有句中的主语问题，并简单提及了汉语中的相应问题。日语いる领有句中主语身份的认定问题一直以来争议不断，到底二格名词是主语，还是ガ格名词是主语，学界较为认可的主语测试也出现了两种结果。在这一现状下，有些学者否定敬语化测试的可行性（岸本 2005），有些学者索性将两个名词短语都当作主语，用大小来进行区别（Shibatani2001），有些学者将这两个主语放到了不同的层级上（Kumashiro2016）。其实，这些处理方法还是未能清晰地解释测试结果的模糊性问题。

いる领有句是用存在构式来表示领有概念的一个例子，其最终的句法表现必定与存在概念、领有概念之间的区别相关联。一般情况下，我们在表达某一概念时，通常用的是与概念义一致的构式，如表达使动概念时使用使动构式，因此不会出现构式义与概念义交互影响的情况。领有与存在不同，它们之间的共同点是非常明显的，并且通过转喻手段是可以互相转化的，这就为二者使用同一构式提供了语义基础。"主语身份模糊"现象产生的本质动因应当从"概念义的主语"与"构式义的主语"这两个层面进行阐释。不仅是日语，汉语的存在句中也表现出了主语身份的模糊现象。英语中也是一样，there be 句中主语的身份认定也一直处于争论之中。这种概念义与构式义之间交互影响的现象是跨语言的，并且交互影响的方式也是多样化的。

第四章 "定指效应"现象

定指效应现象自从 Milsark（1974）和 Safir（1982）提出来后，引起了语言学界的广泛关注。这一现象不是英语存在句中特有的现象，其他语言，如汉语（Huang1987）、法语、西班牙语、德语（Susann Fischer，Tanja Kupisch 2016）等也观察到了类似的情况。相反，一些语言的存在句中允许定指名词的出现，如日语、土耳其语、意大利语（Susann Fischer，Tanja Kupisch 2016）等，我们称这种情况为定指效应的"反例"（exception）。为什么有些语言中存在定指效应而有些语言中没有这一现象呢？定指效应的本质究竟是什么？如何解释这些所谓的"反例"？在既往研究中虽然分别从句法、信息结构等方面提出过多种假设，但是到目前为止仍然没有一种大家普遍认可的结论。

本书以汉语与日语中定指效应的分布为主，提出定指效应也是存在、领有的概念义与构式义交互影响导致的特殊句法现象。在这一章中，第一节我们介绍"定指效应"这一语言现象的具体表现，第二节介绍日语中的定指效应分布与代表性的观点，第三节介绍汉语中的定指效应分布与相关的研究，第四节提出本书主张的观点：概念义与构式义之间交互影响分布的不同，导致了汉语与日语中定指效应分布的不同。

第一节 "定指效应"现象的内涵

一、定指效应的定义及内容

定指效应这一现象最初是在英语的研究中提出来的。在一些特定结构中，如英语 there 存现句[①] 中，核心名词短语通常是非定指的，如例句 102，这一现象被称为定指限制（definiteness restriction）或定指效应（definiteness effect）。

---

① 存现句是指表示存在、出现的一系列句式。英语中存现句的结构都是 there+V+N。

例句102：

（a）here is a man/*the man in the garden.

（b）There arose a storm/*the storm here.

（Belletti1988：3-4）

例句102（a）句是英语中表示存在的 there 句，句中核心名词短语，即动词后名词若为不定指名词 a man，则合法，若为定指名词 the man，则不合法。（b）句是表示出现类的 there 句，同样动词后名词短语若为定指名词 the storm 时不合法，句子不成立。

通常情况下，定指（definite）名词包括被 all、very、each 等修饰的名词、专有名词、代词以及被定冠词或指示词修饰的名词；非定指（indefinite）名词包括被 a、some、many、more、several、no 等限定的名词，被数量词（one、two、three 等）修饰的名词以及普通名词的复数形式（people、films 等）。其中，前者被称为强限定词，后者被称为弱限定词（Milsark 1977，Lumsden1988，Barwise and Cooper 1981，Lyons 1999）。

需要注意的是，这里所说的"定指"指的是意义上的定指，而非形式上的定指。有些名词短语虽然有定冠词 the，如果与语义无关，只是纯语法要求，这种情况是不与定指效应矛盾的，如例句103。

例句103：

（a）There was the most curious argument in this paper.

（b）There is the {usual/same} crowd at the party.

（c）There is every reason to believe that he is not guilty.

（影山 2011：256）

例句103（a）句中的定冠词"the"不是表示定指意义的表现，而是形容词最高级的语法要求。（b）也一样，通常情况下，"same/usual"要求与定冠词"the"一起使用，也不包含定指意义。（c）句中"every"不是表示"每一个"的量词，而是表示"所有可能的、完全可能的"，也不是定指效应限制的对象，因此定指效应是一种意义上的制约。

有些学者认为"定指"这一描述不够准确。Enç（1991）提出定指效应中的"定指"应当描述为"特指"（specific）。特指名词与定指名词都要求该名词的语篇指称与前面已经建立的指称之间有关系，不同的是，定指名词要求与前面所建立的指称之间是同一关系，特指名词要求与前面的指称之间是包含关系。不能出现在存在句核心名词位置上的应该是特指名词，而不是定指名词。

Rando&Napoli（1978）认为定指效应应当描述为"非照应性"。能出现在存在句中核心名词位置上的名词必须是非照应性的，这种描述解决了 there 列举句中出现定指名词的反例现象。There 列举句是指在某一特定的集合中挑选出来的个体，这一个体名词在形式上是定指的，如例句104。

例句104：

（a）Q：Who is at the party？

（b）A：Well，there is Mary，Susan，and John.

（岸本 2005：224）

例句104（b）中 there 句的核心名词"Mary""Susan""John"都是专有名词，属于定指名词，是从一个特定的集合（预计要来晚会的人的集合）中挑选出来的个体。这样的个体实际上是具有非照应性的，非照应性是指该名词的某些方面是未知的，即新信息。例句104（b）中的新信息是指"实际上来晚会的成员"。Hu&Pan（2007）在考察汉语中定指效应现象的基础上扩展了这一观点，即新信息既可以是新的实体，也可以是新的关系。也就是说，存在句是否合法，不是看核心名词是否在形式上是非定指的，而是看是否引入了新信息。"定指效应"这一描述虽然还需要进一步准确化，本书为了叙述方便，仍然沿用这一术语，至于"定指"具体指什么样的名词，将在下文中进行详细说明。

二、与定指效应相关的句法表现

定指效应有诸多句法表现，这里介绍其中的四种。

第一，如果修饰核心名词的数量词指定的不是个体的数量，而是种类，是可以出现在 there 句中的，如例句105。

例句105：

（a）There were both kinds of students in the class.

（b）There are all sorts of toys in this playroom.

（岸本 2005：178）

例句105（a）和（b）中的数量修饰词"both kinds of"与"all sorts of"都是指种类的数量，虽然是强限定词，但是限定的不是个数，而是种类，因此不受定指效应的限制。

第二，WH疑问句。定指效应也体现在WH疑问句中。疑问词的种类决定了句子是否合法，如例句106。

例句106：

（a）*{Whose brother/Which man} is there in the room?

（b）{What bottles/How many bottles} are there in the basement?

（岸本2005：183）

例句106（a）中的疑问词"whose""which"属于定指疑问词，例句106（b）中的疑问词"what""how many"属于非定指疑问词。含有定指疑问词的there句不合法，含有非定指疑问词的there句合法。

第三，关系从句（relative clause）。所谓关系从句，是指由关系代词（which、that、who、whom）或关系副词（where、when、why）修饰的名词成分，其中被修饰的名词是关系从句的主要部分，如："a computer which can be carried around"中的主要部分是被修饰的名词"a computer"。there句中的核心名词不能作关系从句的主要部分（Heim 1987，Jenkins1975），如例句107。

例句107：

（a）There is a book on the table.

（b）a book which there is on the table.

（c）a book（which is）on the table.

（岸本2005：185）

例句107（a）中there句的核心名词为"a book"，不能作关系从句的主要部分，如例句107（b），如果将句中的"there be"改为"be"，则关系从句成立，如例句107（c）。另外，如果在核心名词前加上"all""most""every"等修饰词时，关系从句便可以成立了，如例句108。

例句108：All of the man that there were in the room suddenly began eating gua -vas.（Safir1985：153）

第四，there 句中的核心名词可以出现在分裂句的焦点位置上（句尾），如例句 109。

例句 109：What there is（on the table）is a very expensive book。（岸本 2005：187）

三、相关既往研究

为什么英语的 there 句中会出现定指效应这一现象，这里介绍目前较为主流的一种解释：部分格假说。部分格假说是 Belletti（1988）提出的，他认为，名词短语获得的格位如果是部分格（partitive Case），则这个名词短语就会体现出定指效应。具体来说，一些语言，如芬兰语中有一种格，叫作部分格，有专门的标记形态。获得这种格的名词短语在语义上表示不完全性（incompleteness），只能解释为"部分"这种语义。因此，获得部分格的名词短语只能是非定指的（参考 Vainikka and Maling1996）。在这一语言事实的基础上，Belletti（1988）提出了部分格假说。

Belletti（1988）所说的部分格是指，无法指派宾格（objective Case）的动词，即非宾格动词[①]或被动态的动词在某些情况下，宾语出现在表层结构时所获得的格位。英语中与部分格相关联的动词只有非宾格动词（如 be 动词）。在 there 句中，由于虚词（expletive）"there"占据了主语的位置，因此内论元在表层也可以停留在宾语的位置，这时该名词（内论元）得到的不是宾格，而是部分格。因此，there 句中动词后出现的名词显示出了定指效应。

部分格假设解释的是英语 there 句中出现定指效应的句法规律，至于其出现的语义动因，即为什么非宾格动词不能给自己的内论元指派宾格，为什么指派的是部分格，这些现象背后的语义动因是什么，下面，我们通过考察日语与汉语中定指效应分布的状况来解释对这些问题的疑问。

第二节 日语中的定指效应

这一节介绍日语中的定指效应现象，共分为三个部分：第一部分介绍日语中

[①] 非宾格假设认为非宾格动词是不能指派宾格的。

的定指效应分布情况，第二部分介绍岸本（2005）的研究及问题点，第三部分介绍影山（2004）的研究及问题点。

一、日语中的定指效应分布情况

定指效应被认为是一种跨语言的普遍现象，然而很多语言中都有反例，日语便是其中的一种。日语存在句中完全没有定指效应，如例句110。

例句110：

（a）机の上に｛私の／あらゆる／すべての｝本がある。（影山 2011：264）

（b）檻の中にリンリンがいます。（木村 2011：93）

例句110中（a）和（b）两句分别表示自主性物体的存在与非自主性物体的存在。其中，核心名词，即「｛私の／あらゆる／すべての｝本」与「リンリン」都为定指名词，前者由强限定词修饰，后者是专有名词，但这两个句子完全没有问题。

那么，日语中是不是根本不存在定指效应这一现象呢？也不是，日语中的定指效应可以在领有句中观察到，如例句111和例句112。

例句111：

（a）＊私には｛すべての／ほとんどの｝財産がある。

（b）＊私には｛ほとんどの／すべての｝おじさんがいる。

（影山 2011：265）

例句112：

（a）私には｛多くの／いくらかの｝財産がある。

（b）私には｛何人かの／たくさんの｝おじさんがいる。

（影山 2011：265）

例句112（a）为所有权关系，例句112（b）为亲属关系，这两句都是典型的领有句。句中核心名词「財産」「おじさん」都由强限定词「｛ほとんどの／すべての｝」修饰，即两句中的核心名词短语都是定指名词短语，句子不成立；如果将例句111（a）和（b）中的强限定词改为弱限定词，即「｛多くの／いくらかの｝」和「｛何人かの／たくさんの｝」，形成例句112（a）和（b），这时句子成立，表明日语领有句中存在定指效应这一现象。

二、岸本（2005）的研究及问题点

为什么日语领有句中会呈现出定指效应，而存在句中没有？岸本（2005）对日语领有句的句法环境做了详细的分析，他认为日语领有句与英语 there 句有相同的句法环境，因此表现出与 there 句中相同的定指效应。影山（2011）也基本上持有相同的观点，并通过以下方法进行了论证：

第一，与 there 句相同，如果修饰核心名词的数量词表示的是种类数量，而非个体的数量时，即使用强限定词修饰，也可以出现在领有句中，如例句 113。

例句 113：

（a）ジョンにはあらゆる種類のおもちゃがある。

（b）ジョンには両方のタイプの親戚がいる。

（岸本 2005：177）

例句 113（a）和（b）中均出现了强限定词「あらゆる」与「両方」，由于表示的都是种类的数量，因此可以出现在领有句中。

第二，当日语领有句中的核心名词替换为 WH 疑问词时，若为定指疑问词，句子不合法，若为非定指疑问词，句子合法，如例句 114。

例句 114：

（a）＊ジョンには、｛どの／誰の｝兄弟が｛ある／いる｝の？

（b）ジョンには、｛どんな／何人の｝兄弟が｛ある／いる｝の？

（岸本（2005）：184）

例句 114（a）中，「｛どの／誰の｝」属于定指疑问词，「｛どんな／何人の｝」属于非定指疑问词。与英语 there 句相同，WH 疑问句中，只能出现非定指疑问词。这种限制只存在于日语领有句中，存在句中没有这一限制，如例句 115。

例句 115：

（a）この学校には、｛誰の／どの｝友達がいるの？

（b）この学校には、｛どれくらいの／どんな｝友達がいるの？

（岸本 2005：184）

例句 115（a）和（b）是两个存在句。其中例句 115（a）中用了 WH 定指疑问词，例句 115（b）用了 WH 非定指疑问词，这两个句子都是合法的。从这一点也可以看出日语存在句中没有定指效应。

第三，关系从句。前面提到，英语 there 句中的核心名词不能作关系从句的主要部分，日语领有句中的ガ格名词同样也不能作关系从句的主要部分，如例句116 和例句117。

例句116：

（a）* これは、山田さんにいたペットだ。

（b）これが、あの（不潔な）山田さんにいたシラミだ。

（影山 2011：266）

例句117：

（a）* 彼は、山田さんにいる弟だ。

（b）彼は、山田さんの家にいた男の子だ。

（影山 2011：266）

例句116 与例句117 两句中（a）都是领有句，（b）都是存在句，均显示出明显的差别。领有句中的ガ格名词不能作关系从句的主要部分，存在句中的ガ格名词可以作关系从句的主要部分。在日语中，表达例句116（a）与例句116（b）时，不使用动词「ある」或「いる」，而用属格助词「の」来连接两个名词，如「山田さんのペット」「山田さんの弟」。

另外，与 there 句相同，如果用强限定词修饰核心名词，这时核心名词就可以作关系从句的主要部分了，如例句118。

例句118：ジョンは、自分にあるお金をすべて寄付してしまった。（岸本 2005：186）

句中核心名词「お金」由强限定词「すべて」修饰后，就可以作关系从句的主要部分了。

第四，分裂句。日语领有句中的ガ格名词也可以出现在分裂句的焦点位置（句尾），如例句119。

例句119：[あの男に ti いる] のは、弟だけ i だ①。（岸本 2005：187）

通过以上几点可以得出，英语 there 句中的核心名词与日语领有句中的ガ格名词确实处于类似的句法环境中，岸本（2005）认为这是日语领有句中表现出定指效应的原因。那么，这种句法环境的特征是什么呢？

---

① 句中 t 表示名词「弟」移位后留下的语迹，下标 i 表示两个成分的指称相同。

岸本（2005）认为日语领有句中的句法结构也可以用非宾格假设与部分格理论来解释。他认为，日语中的「ある」「いる」是非宾格动词，与英语中的"be"相同，这类动词的论元只能从时态那里得到结构格（这里是主格）。用「ある／いる」表示的存在句与英语的 be 存在句有相同的句法结构，如例句 120。

例句 120：

（a）公園に老人がいる。

（b）That old man is in the park.

（岸本 2005：177）

例句 120（a）和（b）都是非宾格动词的不及物用法，即动词只有一个论元。二格名词「公園」与介词短语"in the park"是附加词，有固有格（场所格），句子的唯一论元ガ格名词，即「老人」与"that old man"得到结构格。存在句中的唯一论元是内论元，由于 EPP（English for Professional Purposes，专业英语）要求句子必须有主语，因此内论元在表层结构上移位到主语位置，充当句子的主语。存在句中的唯一论元ガ格名词的主格是从时态中得到的，因此没有定指效应。

相反，日语领有句中的「ある」和「いる」是及物动词用法，即动词有两个论元。以「太郎に弟がある」为例，二格名词「太郎」与ガ格名词「弟」都是动词选择的论元，领有句中二格名词「太郎」充当主语，这显示了二格名词移位到了主语位置。由于二格名词占据了主语的位置，动词的内论元ガ格名词「弟」在表层结构中得以保留在宾语位置。这种情况下，由于「ある」和「いる」是非宾格动词，ガ格名词无法从动词那里获得结构格，于是得到了部分格，因此显示出定指效应。

岸本（2005）的问题：岸本（2005）的解释说明了日语存在句与英语 be 存在句、日语领有句与英语 there be 句之间的相似性，认为日语中的定指效应与英语 there 句中的定指效应是同一种现象，同时也说明了定指效应不是存在句特有的性质。但是，定指效应产生的本质原因，即为什么在日语领有句与英语 there 句句法环境下会产生定指效应，或者以非宾格假设的立场来说，为什么非宾格动词无法得到宾格，只能得到部分格，其背后的语义动因又是什么，这些问题都是部分格假说无法解释的。

三、影山（2004）的研究及问题点

影山（2004）中对日语领有句中定指效应的分析涉及了一些语义因素。他认为领有句中的ガ格名词不是一个独立的成分，而是与动词「ある」通过"语义合并"（sementic incorporation）形成的一种合并谓语，整体上类似一个词。在语义上表示一种属性、性质。这个"合并谓语"中，ガ格名词由于其"非独立性"，因此表现出定指效应；动词「ある」也基本丧失了词汇动词的身份，其作用类似于轻动词[①]。

具体来说，在匈牙利语（Szabolcsi 1986，Farkas and de Swart 2003）和土耳其语（Kuibayashi 1990）中，与动词相邻的非定指名词短语没有格标记，可以认为合并到了动词中。格陵兰爱斯基摩语（van Geenhoven 1998）中，在形态上合并到动词的名词，得到的解释也是非定指的。因此，影山认为日语领有句中的定指效应也与这种"合并"有关。

"合并"（incorporation）是一种语言学现象，属于语法范畴。例如，一个动词与它的直接宾语或副词合并为一个复合词，依然保留其原本的句法功能。日语领有句中的ガ格名词与ある之间显然没有形态上的合并，因为它们没有合并成为一个词。如果在ガ格名词与ある之间添加别的中心词，句子就不成立了，如例句121。

例句121：*学会には[　[参加者の]　家族が]大勢あった。（影山 2004：16）

句中ガ格名词与动词之间添加了别的中心词「家族」，句子不合法。由于ガ格名词与ある之间的这种紧密性，影山认为日语领有句的ガ格名词与动词之间发生了"句法上的合并"，即语义合并（semantic incorporation）。

日语中的「親族名詞がある」在表面上看是句子，实际上是一种轻动词结构，接近于短语的功能。一般认为日语中的轻动词指的是「課長は九州に出張をした」中"动名词＋する"的结构（参考影山 1993）。影山认为「親族名詞がある」这类型的领有句中的动词「ある」已经不是普通的词汇动词，更多地表示一种关系，与ガ格名词通过语义合并形成了合并谓语，因此体现出定指效应。

---

① 除了这里的「ある」，日语中的「する」也有轻动词的用法，轻动词的用法是指动词丧失本身词汇义的用法。如「私はいらだたしくさえあった」「彼は友達を裏切りさえした」。

「ある」的轻动词性质表现在：「私に兄がある」中的名词「兄」不是指一个单独的个体，而是指「兄弟関係」这一抽象概念。因此，句中的「兄」不能与表示特定人物的「誰」互换，也不能添加任何表示人类个体的修饰语，如例句 122。

例句 122：

（a）＊彼には、誰がありますか？

（b）＊彼には｛背の高い／職人気質の｝兄がある。

（影山 2004：6）

ガ格名词是个体名词还是关系概念，还可以通过以下对比来证明，如例句 123。

例句 123：

（a）ボクには｛兄／＊？兄貴｝がある。

（b）｛父親／＊？おやじ｝のない子供。

（影山 2004：7）

由于「兄」与「父親」都可以表示亲戚关系，因此例句 123（a）句是成立的，「兄貴」与「おやじ」表示的是称呼，个体的语义很强，因此与这类句型不相符。

基于以上的观察，影山认为定指效应出现与否，与ガ格名词表示的语义，即是个体概念还是抽象概念有关。具体来说，原本表达"存在"概念的动词「ある」与一些特别的指人名词（表示亲属关系的指人名词或动作主体名词）一起使用时，亲属关系名词不再表示个体，而是表示"领有"，动作主体名词也同样不表示个体，而是表示"行为或事件的发生"。更进一步说，「彼には配偶者がある」表示「彼は妻帯者だ／既婚だ」这一属性，「学会にたくさんの参加者があった」表示「学会が盛会だった」这一性质。

影山（2004）的问题：影山（2004）将日语领有句中的定指效应现象归因于ガ格名词的特性，由于亲属关系名词与动作主体名词不表示个体，表示的是一种关系，与动词「ある」结合表示一种属性，因此不能是定指的。这一观点无法解释例句子 124。

例句 124：

（a）＊私には｛すべての／ほとんどの｝財産がある。（影山 2011：265）

（b）＊ジョンには｛ほとんどの／すべての｝兄弟がいる。（岸本2005：
218）

例句124（a）句中的ガ格名词既不是亲属关系名词，也不是动作主体名词，
但是这个领有句中也体现出了定指效应。（b）句中的动词不是「ある」，却也显
示出了定指效应。也就是说，日语领有句中是否会出现定指效应，ガ格名词自身
的"非个体性"与动词「ある」的使用不是必要条件。定指效应产生的原因应该
是一个包括内容更多的条件。因此，我们认为导致定指效应出现的最本质原因不
是ガ格名词的特性，也不是「ある」的使用，而是构式义与概念义之间的交互
影响。

第三节　汉语中的定指效应

这一节简要论述汉语中的定指效应现象。汉语中的存在句中也表现出了明显
的定指效应，如例句125。

例句125：桌上有一本书／＊桌上有那本书。（Huang1987）

例句125是汉语中的"有"字句，这里表示存在关系，句中核心名词为"书"，
"一本书"是非定指的，句子没有任何问题；"那本书"为定指名词，很显然，这
句话读着非常别扭，改为"在"字句会顺畅许多，即"那本书在桌子上"。

上一节中我们考察过日语中的存在句，日语存在句是没有定指效应的。针对
这种汉日定指效应的差异，木村（2011）认为，汉语中的存在句有两种：一种是
"时间空间存在句"，专门用来表示未知对象的存在，如"笼子里有一只熊猫"；
另一种是"所在句"，用来表示已知事物的所在位置，如"陵陵在铁笼子里"。汉
语是在构式上区别"未知事物的存在"与"已知事物的所在"的语言，日语则是
在构式上不区别这两种语义的语言。

木村的这一解释只停留在了描述层面，至于为什么汉语中表示存在时会在构
式上分为两种而日语不区分，则没有做明确的解释。

事实上，存在句是否分为两种类型并不是定指效应出现与否的本质原因。定
指效应并不是存在句特有的语言现象，上一节中我们介绍了日语领有句中的定指
效应，同样汉语的领有句中也表现出了定指效应，如例句126和例句127。

例句 126①：

（a）张三有一套房子。

（b）*张三有那套房子。

例句 127②：

（a）张三有一个弟弟。

（b）*张三有那个弟弟。

汉语中的领有句也用"有"构式来表达。例句 126 表示的是所有权关系，是典型的领有关系，其中（a）中核心名词"一套房子"是非定指的，句子成立，（b）中的核心名词"那套房子"是定指的，句子不自然。例句 127 表示的是亲属关系，也属于典型的领有关系。例句 127（a）中核心名词"一个弟弟"是非定指的，句子合法，例句 127（b）中核心名词"那个弟弟"是定指的，句子不合法。

既然日语与汉语的领有句中都有定指效应，那么会不会所有语言的领有句中都有这一现象呢？事实上，英语中的领有句也存在这一现象，如例句 128。

例句 128：

（a）*John has｛his sister/the sister/all the sisters｝.

（b）John has｛two sisters/some sisters/many sisters｝.

（Partee2004：282）

例句 128 是英语中的领有句，用了 HAVE 构式，表示的是亲属关系。（a）句中核心名词"his sister/the sister/all the sisters"都是定指名词，句子不合法；（b）句中核心名词"two sisters/some sisters/many sisters"都是非定指的，句子合法。

综上，定指效应在日语、汉语以及英语中的分布情况可以总结为如表 4-3-1 所示。

表 4-3-1 定指效应分布情况

	句型	是否有定指效应
汉语	存在句"桌子上有一本书"	是
	领有句"张三有个弟弟"	是

---

① 作者自创例句。

② 作者自创例句。

	句型	是否有定指效应
日语	存在句「公園に子供がいる」	否
	领有句「太郎に孫がいる/ある」	是
英语	there 存在句 "There a man in the park"	是
	领有句 "John has a sister"	是

通过上表，可以清晰地看出定指效应在这三种语言中的分布情况。除了日语存在句外，三种语言的存在句与领有句中都有这一现象。因此，定指效应应该与存在与领有之间有关系。那么，日语存在句与其他句型之间究竟有什么决定性的差异呢？下一节具体讨论这一问题。

第四节 本书的观点

这一节主要解决以下问题：第一，定指效应中的"定指"究竟指什么？第二，定指效应产生的语义动因是什么？如何解释定指效应在汉语与日语中不同的分布情况？

一、定指效应中的"定指"

在本章第一节中提到了既往研究中大家对"定指"的认知，其共通点为"定指"不是形式上的定指，而是语义上的"定指"。这种语义上的"定指"究竟是指什么？有些人认为是"特指"，有些人认为是"新信息"。本书认为，这种语义上的定指实际上是认知语法中的"虚拟"与"实在"的区别。

虚拟与实在的区别和某个名词指称所占的心理空间的种类有关。虚拟的实体是出于某种目标构想出来的，因此它在创立的心理空间之外没有地位。换句话说，虚拟的实体不以在现实世界的"绝对存在"为前提，实在的实体以"绝对存在"为前提。下面例句中的画线部分都是虚拟的例子：

例句 129：

（a）Evelyn hopes to invent a perpetual machine.

（b）Wherever we <u>have a party</u>, <u>a guest</u> breaks <u>a glass</u>.

（c）We don't have <u>a dog</u>.

（Langacker2009：94）

（a）中的"永动机"是现实生活中不存在的东西，只存在于我们想象的心理空间之中，因此是虚拟的。（b）中的"晚会""客人""杯子"都是设想出来的场景中的实体，在现实生活中并不存在，因此也是虚拟的。（c）中的"狗"也只存在于说话者的心理空间，事实上并没有这样一条狗存在，是虚拟的。

虚拟、实在的对立与形式上的定指与非定指是不同的。有些表面形式为定指的名词也是虚拟的，如例句130。

例句130：

（a）The most important considerantion in buying a car is <u>the engine</u>.

（b）<u>The winner</u> will receive a very nice tropy.

（c）In this corporation , <u>the president</u> keeps getting younger.

（Langacker2009：94-95）

例句130中三个句子画线部分的名词在形式上都是定指的（由定冠词"the"修饰），但这些名词所表示的都不是实在的个体，而是虚拟的类型例示。Langacker称这类名词为角色描述（role description），它们都是通过场景（scenario）或理想化认知模型（idealized cognitive model）中的角色来认定的。角色可以通过实在的个体或不同时间的不同个体被实例化，但角色本身只是一个想象出来的类型例示，只存在于代表场景或模型的心理空间中。

有些观点认为非定指名词短语有一种内在的虚拟性（intrinsic virtuality），定指名词短语则没有。一个定指名词短语，如"this shirt、the sofa、Bill Clinton、my cat"基本上都可以独立于小句，挑选出其预期所指，如例句131（a）中听话人可以仅从宾语名词短语中认定这件衬衫，通过参与小句过程，只是提供了补充的一些信息，因此定指名词短语可以作话题，如例句131（b）。

例句131：

（a）I just bought <u>this shirt</u>.

（b）<u>This shirt</u>, I just bought it.

（Langacker2009：95）

非定指名词短语，如"a shirt、some cat、any doctor"仅引导听话人构想一个类型例示，剩余（pending）的信息需要包含它的小句来提供。例句132（a）句中听话人的确认定了预期语篇所指，但并不是独立于小句认定的，听话人是在知道说话人刚买了衬衫之后才认定的。在小句的内容解释之前，这个衬衫是没有独立预设所指的，即听话人是不知道衬衫的"绝对存在"的。因此，非定指名词短语不适合作主题，如例句132（b）。

在本质上，如果只是对听话人来说，非定指名词有一种权益性的虚拟性（provisional virtuality）。例句132（a）可以提供需要的信息来克服这种权益性的虚拟性地位，并且建立起侧显的实在例示。虽然"a shirt"本身是虚拟的，但是因为衬衫参与买这一过程，这个过程本身是实在的，因此衬衫也可以推论为实在的。非定指名词短语所指的实在性是从小句侧显的事件中派生（derivative）出来的。

例句132：

（a）I just bought <u>a shirt</u>.

（b）*<u>A shirt</u>，I just bought it.

（Langacker2009：95）

当然，小句过程也有可能是虚拟的，这种情况下小句中的名词短语所指也仍然是虚拟的，如下面例句133（a）中的衬衫是虚拟的，"a shirt"本身是虚拟的，所参与的过程也是虚拟的（否定句表示未发生）。因此，"a shirt"在参与小句后仍然是虚拟的。相反，例句133（b）中定指宾语"this shirt"可以独立建立起所指，被解释为是实在的。尽管小句是虚拟的，"this shirt"的实在性仍然不变。

例句133：

（a）I didn't buy <u>a shirt</u>.

（b）I didn't buy <u>this shirt</u>.

（Langacker2009：96）

回过头来，这一章中讨论的定指效应实际上就是"虚拟"效应，即特定的句子（英语there句、汉语"有"字句、日语领有句）中，核心名词必须是"虚拟"的，不能是"实在"的。

二、定指效应的本质

定指效应在最初提出时，其对象是英语存现句，由于部分语言的存现句也存在着这种现象，因此人们认为定指效应是存在句所特有的性质，不论是从语义还是从句法上的考察，都将焦点放在了存在句上，忽略了对领有句的考察。事实上，这一现象的本质并不是内在于存在概念的，相反，在通过对日语、汉语中定指效应现象的分析后，本书提出定指效应现象是内在于领有概念的，其本质是语义层面的限制。

本书在第三章中提到过，在领有概念中，领有物不是一个独立的个体，它是依赖于领有者的。这是因为领有关系所表示的是一种稳定的关系，因为关系的稳定性，这种领有关系也就成了对领有者的一种属性、性质的描述。在这一点上，与影山（2004）的分析有共通之处。与影山（2004）中的观点不同，本书认为定指效应的出现与否不是由核心名词性质（表示关系的抽象名词还是表示个体的名词）决定的，不论核心名词是什么样的名词，只要领有关系存在，就会表现出定指效应。定指效应实际上是领有关系中领有物名词的"虚拟效应"，是"领有"的语义决定的。

在叙述领有关系时，领有物是作为领有者的属性描述第一次被带入听话人的心理世界的，在此之前，听话人是不知道该领有物的绝对存在的。如"张三有一个弟弟"，在叙述这句话之前，说话人是默认听话人不知道"这个弟弟"的绝对存在的，但是通过叙述这一领有关系，说话人不仅将领有物第一次带入听话人的心理世界，并且使这一领有物建立起实在性，即作为"张三的弟弟"存在于听话人的心理世界。由于对于听话人来说"张三"与领有关系都是实在的，因此通过参与小句过程，本身为虚拟的领有物建立起了实在性，认知语法称这种可以通过参与小句得到实在性的虚拟为"权益性的虚拟"。

那么存在概念呢？存在概念本身是没有这一限制的。与领有概念不同，存在概念表示的是某一物体与某一方位的空间关系。这种关系是暂时的，是不稳定的，会随着时间发生变化，如"公园里有一个孩子"，此时此刻，"孩子"与"公园"建立起了关系，但是过一段时间，孩子回家了，与公园之间便不再有这种空间关系。因此"孩子"是无法作为"公园"的属性进行描述的。同时，"孩子"是一个独立的个体，是不依赖于"公园"而存在的。我们通过公园定位一个搜索域，在这个搜索域中，既可以找到一个不预设绝对存在的个体，也可以是一个预设绝对存在的个体（如某个认识的人）。因此，在存在概念中，存在物既可以是虚拟的，也可以是实在的，即没有定指效应的限制。

因此，虽然表面上看定指效应是存在句中的现象，实际上其本质是领有概念语义上的限制。

三、概念义与构式义的交互影响

上一部分提出了定指效应的本质是领有概念语义上的限制，那么为什么一些语言的存在句中也出现了这一现象（如汉语、英语），另一些语言中则没有（如日语）呢？本书认为，这也是概念义与构式义交互影响产生的特殊句法表现。

认知语法认为，意义是存在于各个层面的，小到一个词素，大到一个构式。既然领有关系在语义上限制领有物的虚拟性，那么不管语义存在于哪个层面上，只要有领有义，就会表现出定指效应这一现象。

由于领有与存在可以共用同一个构式来进行表达，因此在表达这一对概念时，会产生概念义与构式义交互影响的情况。如果概念义或者构式义中有一方是表示领有关系的，那么定指效应这一语义上的限制在融合过程中对整个句义产生影响，使得最终句义产生同样的语义限制，即定指效应。

日语中存在句是用"有一致关系的ある/いる构式"中的"にが构式"来表达的。这类句子的概念义是方位存在，构式义也是方位存在。这两个层级上的语义均不包含领有义，因此在融合过程中没有交互影响发生，最终的日语存在句中便不会表现出定指效应。

领有句则不同，日语中的领有句既可以用"有一致关系的ある/いる构式"中的"にが构式"来表达，如「太郎に孫がいる」，也可以用"无一致关系的ある构式"中的"にが构式"来表达，如「太郎に孫がある」。前者的构式义为方位存在，后者的构式义为领有。不管用哪一种构式，由于领有句的概念义是表示领有关系的，因此概念义层面的领有关系决定了日语的领有句中会出现定指效应。

汉语的"有"字句既可以表示方位存在关系，如"桌子上有一本书"，也可以表示领有关系，如"张三有一个弟弟"。不管所表达的概念义是哪一种，由于

"有"构式的构式义是表示领有关系的,因此构式义层面的领有关系决定了汉语的"有"字句中会出现定指效应。

综上,日语与汉语中定指效应出现的动因可以总结为表4-4-1。

表4-4-1 定指效应出现的动因

	句型	概念义	构式义	是否有定指效应
汉语	存在句"桌子上有一本书"	存在	领有	是
	领有句"张三有个弟弟"	领有	领有	是
日语	存在句「公園に子供がいる」	存在	存在	否
	いる领有句「太郎に孫がいる」	领有	存在	是
	ある领有句「太郎に孫がある」	领有	领有	是

第五节 小结

这一章我们对汉语与日语中的定指效应做了详细的分析。最初发现存在定指效应的句式为英语 there 句。由于 there 句本身结构特殊,主语位置由一个无意义的虚词(expletive)there 占据,因此人们认为这是 there 句中特有的现象。随着语言类型学的发展,人们发现其他语言的存在句中也有类似现象,于是人们开始认为定指效应是存在句的特性,有人认为是来源于存在句的语义,有人认为是来源于句法结构,一直没有一个普遍认可的结论。

在定指效应方面,日语存在句一直以来被认为是一个"反例",因为日语存在句中完全没有定指效应。有趣的是,一些学者,如岸本、影山发现,虽然日语存在句中没有定指效应,但是领有句中却出现了。为什么日语中定指效应的分布如此"奇特"?岸本与影山都认为日语领有句与英语 there 句具有相同的句法结构并进行了论证,但为什么这种结构会表现出定指效应,岸本(2005)在非宾格假设的基础上采用了 Belletti(1988)的部分格假说,但是非宾格假设与部分格假说自身的语义基础很薄弱,因此无法解释定指效应的语义动因。影山(2004)提出了基于语义的观点,即日语领有句中的ガ格名词与ある通过语义合并形成合成谓语,整体表示ニ格名词的属性。由于合成谓语中的名词是不独立的,因此表现出定指效应。影山对日语领有句中定指效应的考察只局限在了ある领有句,导致原因本质定位的偏差。导致定指效应出现的原因不是ガ格名词的特殊性（非个体名词），而是与整个概念义与构式义有关。

本书认为定指效应的出现也是存在、领有的概念义与构式义交互影响的结果。定指效应的"定指"应当解释为核心名词的虚拟性，这种虚拟性是领有关系在语义层面上决定的，是一种语义的限制。因此，在一个句子的概念义或构式义中，只要有一方是表示领有关系的，就会体现出定指效应，并且运用这一观点解释了汉语与日语中定指效应分布差异的原因。

第五章　显性非宾格现象

非宾格理论认为不及物动词可分为非作格动词与非宾格动词，虽然在表层结构中二者的唯一论元都在主语位置，然而二者的唯一论元有本质的区别，其中非作格动词的唯一论元为外论元（主语），非宾格动词的唯一论元为内论元（宾语）。由于非宾格动词没有给其论元赋予结构格的能力，因此在表层结构中，内论元移位到句首主语位置，从时态处得到结构格。在某些特殊的句式中（如英语 there 句、汉语存现句），由于非宾格动词的表层主语位置被其他成分（there、方位短语）占据，因此唯一论元得以留在宾语位置。

这一理论是生成语法框架内的假设，虽然在许多语言中得到了验证，但是这两类动词的本质问题依然未得到解决。例如，许多学者认为二者语义上的根本区别在于自主性的有无，即非作格动词表示自主性的动作，非宾格动词表示非自主性的动作。在例句 134（a）与例句 134（b）的自主性问题上，他们认为虽然都是动词"坐"，但是例句 134（a）表示非自主性的动作，例句 134（b）表示自主性的动作。这样一来，似乎"自主性的有无"这一问题不是动词层级的问题，而是在构式层级产生的。

例句 134：

（a）果然七八个人，围住一张桌子。正位上坐着一个人，口里撒着一根假琥珀烟嘴，向上跷着，身子向后一仰，靠在椅子背上，静望着众人微笑。（张恨水《春明外史》）

（b）我不知道什么时候已坐在一个人的肚皮上，我感到有一些热烘烘的东西淋到了我的头上。（莫言《丰乳肥臀》）

此外，非宾格动词的非宾格性最标志性的体现便是其在存现句中的句法特征。存现句是表示事物存在、出现或消失的句子，英语与汉语中都有这类句式，其核心名词（即存在、出现或消失的物体）既可以处于主语位置，又可以处于宾语位置。

例句 135：

（a）President sat on the right rear seat.Next to him on the left seat was...

（b）On the front seat sat a gaunt, tall man, dressed in black broadcloth…（O.Henry *A Blackjack Bargainer*）

例句 136：

（a）那匹枣红小马驹在打麦场上跑着，马脖子下新拴了个小铃铛，叮叮当当地响着……（莫言《天堂蒜薹之歌》）

（b）老几发现这回邓指的生活环境大有改善，三间平房一个小院，院里跑着一群鸡、蹦着几只兔子。（严歌苓《陆犯焉识》）

例句 135（a）与例句 135（b）中的动词相同，都是"sit"，（a）中核心名词位于主语位置，（b）中核心名词位于宾语位置；例句 136（a）与（b）中的动词也相同，都是"跑"，（a）中核心名词位于主语位置，（b）中核心名词位于宾语位置，这种现象被称为显性非宾格现象。如果显性非宾格现象是非宾格动词特有的，那么在句法表现中区别这两类动词的语言都应该有显性非宾格现象。然而，事实上日语中虽然非宾格动词与非作格动词存在区别，但是却没有这种显性非宾格现象，这样一来，到底应该如何解释显性非宾格现象出现的动因便成为一个尚未解决的问题。

本书以这两个问题为出发点，通过考察汉语与日语中非宾格性的各种表现，提出以下观点：显性非宾格现象的语义本质无法用非宾格假设解释，而是领有构式与存在概念之间交互影响的结果；非宾格动词与非作格动词本质的区别不在于自主性的有无，而在于该动词所表示的行为或动作中的方位成分是否必要成分。本章共分为五部分，第一部分介绍显性非宾格现象及非宾格假设，第二部分介绍汉语中的显性非宾格现象及相关既往研究，第三部分介绍日语中的非宾格现象及相关既往研究，第四部分提出本书的观点，第五部分进行总结。

第一节　显性非宾格现象与非宾格假设

一、非宾格动词与非作格动词

传统的语法观认为，动词可以分为及物动词与不及物动词两类，基本上可以通过是否可以带宾语来进行区别。然而，在这一分类中，我们还可以观察到其他系统性的差别。首先，及物动词中，有些动词必须要带宾语，有些动词不带宾语也可以，如例句 137 和例句 138。

例句 137：

（a）Godzilla destroyed*（the skyscrapers）。

（b）The news surprised*（his parents）。

（影山 1996：16）

例句 138：

（a）Do you drink（beer）?

（b）Do I have to change（clothes）for dinner?

（影山 1996：16）

同样，不及物动词也不是完全同质的，以英语为例，英语中的 there 句中，所采用的语序为 There+V+S（传统认为，语义上的主语是位于动词后的），能进入这一句式的动词往往限定为表示存在、出现或发生类的动词；其他不及物动词以及及物动词一般不能进入这种句式，如例句 139、例句 140 和例句 141。

例句 139：

（a）For a moment，there was a total，unnatural silence to the place.

（b）There came a rushing sound from its mouth but nothing more.

（影山 1996：16）

例句 140：

（a）*There talked a student to his teacher.

（b）*There quarreled two boys in the room.

（影山 1996：17）

例句 141：

（a）*There wrote a housewife a fascinating novel.

（b）*There sells a vendor lollipops.

（影山 1996：17）

例句 139（a）表示存在，例句 139（b）表示出现，这两类不及物动词可以进入 there 句；例句 140 中的动词 "talk" "quarrel" 都是不及物动词，但是却不能进入 there 句；例句 141 句中动词 "write" 与 "sell" 是及物动词，也不能进入 there 句中。

可见，例句 139 与例句 140 中的动词虽然同样是不及物动词，但是在 there 句中却表现出完全不同的性质。怎么解释这一现象呢？首先得从 there 句的结构入手。

英语中的 there 句是一种特殊的句式。由于英语属于 SVO 型语言，所以一般认为英语中的主语是位于动词前的名词短语，然而 there 句中的情况比较特殊，如 "There is a man in the park" 按照正常的语序关系来看，谓语动词 is 前的名词短语是 "there"，因此 there 应当是句子的主语。但是，从句子整体意义上来看，there 是一个没有实在意义的虚位成分，句子的主语应当是 "a man"，而不应当是没有任何语义内容的 "there"。传统语法对这一现象的解释是：there 是句子的主语，"a man" 是意思上的主语。在现代语言学理论的影响下，Perlmutter（1978）、Burzio（1986）分别在关系语法与管约理论的框架内提出了非宾格假设，他们认为 there 句中的动词（包括 be 以及一些表示出现类、发生类的动词）是一种特殊的不及物动词，这类动词的主语（生成语法所说的底层构造）原本的位置就是在动词之后，即在底层结构中，这类动词只有宾语，拥有这类基本语序的动词为非宾格动词，原本主语就在动词之前的不及物动词为非作格动词。及物动词、非宾格动词、非作格动词的基本结构可以表述如下：

及物动词：S V O

非宾格动词：_ V S

非作格动词：S V

非宾格动词在底层结构中只有宾语，但是没有给宾语赋予宾格的能力，因此在表层结构中，为了获得结构格，深层结构的宾语只能移位到主语位置，如 "_ occurred an accident"，其表层结构为 "An accident occurred"[1]。there 句中，由于主语位置插入了无意义的虚词 "there"，因此深层结构中的宾语得以留在宾语位置，形成 "There occurred an accident" 这样的 there 句[2]。

在英语中，非宾格动词的这种主语位置颠倒的现象，还体现在以方位介词开头的存现句中，如例句 142。

---

[1] 在这种结构中，非宾格动词在深层结构上的宾语移到了主语位置，其非宾格性被隐藏了起来，因此这种结构也被称为 "隐形非宾格性"（deep unaccusativity）（Levin&Rappaport Hovav 1995：19，潘海华、韩景泉 2005：3）。

[2] 在 there 句中，非宾格动词在深层结构上的宾语得以保留在原来的位置，其非宾格性没有被隐藏，因此这种结构也被称为 "显性非宾格性"（surface unaccuasitivity）（Levin&Rappaport Hovav 1995：19，潘海华、韩景泉 2005：3）。

例句 142：

（a）President sat on the right rear seat.Next to him on the left seat was…

（b）On the front seat sat a gaunt,tall man,dressed in black broadcloth…（O.Henry *A Blackjack Bargainer*）

例句 142 中的动词"sat"是一个非宾格动词，在其底层结构上只有一个内论元，即"_sat 核心名词"，在主语位置没有别的成分插入的情况下，内论元为了获得结构格，移位到主语位置，形成例句 142（a）；当主语位置被表示方位的介词短语占据时，内论元留在宾语位置，形成例句 142（b）。

二、非宾格动词与非作格动词的语义区别

非宾格假设不仅与句法结构有关，与语义也是密切相关的。一般情况下，一个不及物动词是非宾格动词还是非作格动词，可以通过看其语义是否与存在、发生、出现有关进行大致判定。也就是说，非宾格性虽然表现在句法形式上，其本质却是根植于语义的。那么，非宾格动词与非作格动词在语义上的差异到底是什么？不少学者作出相对应的讨论，至今还没有定论。下面介绍主流观点：

Perlmutter & Postal（1984）中做了如下分类：

（一）非作格动词

1. 自主动词

work，play，smile，skate，swim，dance，jump，walk，fight，cry，whisper，shout，bark，roar

2. 生理现象

cough，sneeze，hiccough，belch，vomit，sleep

（二）非宾格动词

1. 形容词或相当于形容词的状态动词

此类词很多，在这里不具体举例。

2. 对象为主语的动词

burn，fall，drop，sink，float，slide，glide，flow，tremble，boil，darken，freeze，melt，evaporate，open，close，break，explode

3. 表示存在、出现的动词

appear, happen, exist, occur, disappear, last, remain, survive

4. 有关五感的非自主现象

shine, sparkle, glitter, smell, stink, jingle, click

5. 体貌动词

begin, start, stop, cease, continue, end

非作格动词中包含主语自主性的动作、行为以及生理活动，我们通常称自主性主体为施事，生理现象的主体为历事。非宾格动词主要表示状态或位置的变化，我们称这类型变化的主体为客体或受事，这类主体是非自主的，在语义上是被动的。

此外，由于非宾格动词只带有内论元，没有外论元，被动动词在论元结构上与非宾格类似，也是只有内论元，没有外论元，因此，一些学者将被动动词也纳入了非宾格动词中，称为派生非宾格动词（参考 Haegeman1994：36，Levin&Rappaport Hovav1995：215，Kuno&Takami2004：20），本书暂不讨论这一类动词。

第二节　汉语中的显性非宾格现象

汉语中非宾格性的句法表现与英语较为类似，虽然汉语中没有 there 句来区分非宾格动词与非作格动词，但是汉语中的存现句中也存在显性非宾格现象。在这一节中，本书首先对这一现象进行描述，然后介绍相关的既往研究并提出问题。

一、汉语中的显性非宾格现象概述

汉语中的存现句主要有静态存在句、动态存在句、隐现句。

例句 143：（章星老师）说："昨夜柑橘里有一封短信，信是用香烟里的锡纸卷着塞进柑橘里藏着的……"（王火《战争和人》）

例句 144：果然七八个人，围住一张桌子。正位上坐着一个人，口里撒着一根假琥珀烟嘴，向上跷着，身子向后一仰，靠在椅子背上，静望着众人微笑。（张恨水《春明外史》）

例句145：老几发现这回邓指的生活环境大有改善，三间平房一个小院，院里跑着一群鸡、蹦着几只兔子。（严歌苓《陆犯焉识》）

例句146：（冯村）说："刚才，总领事馆来了一个人……"（王火《战争和人》）

例句147：远远的一株橘子树上飞走了一只乌鸦，掉落了一个橘子，落在泥地上钝钝的一声响，这只狗不必吩咐，就奔窜过去，一会儿便把橘子衔回来了。（沈从文《长河》）

例句143表示方位存在，属于静态存在类；例句144表示具体的静态的存在方式（坐着），也属于静态存在句；例句145表示动态的存在方式（跑着），属于动态存在句；例句146、例句147表示存在物的出现与消失，属于隐现类。这一类句子中的存在物（核心名词）在句法结构上所处的位置是宾语位置（动词之后），同时这些句子中的存在物也可以处于句法结构上的主语位置，如下面的例句：

例句148：蒋妈见他如此，笑道："大爷在哪儿？"金贵道："（大爷）在七爷屋子里。"（张恨水《金粉世家》）

例句149：我不知道什么时候已坐在一个人的肚皮上，我感到有一些热烘烘的东西淋到了我的头上。（莫言《丰乳肥臀》）

例句150：那匹枣红小马驹在打麦场上跑着，马脖子下新拴了个小铃铛，叮叮当当地响着……（莫言《天堂蒜薹之歌》）

例句151：（李秀英）对他说："肯定不是他写的，我敢保证。他刚来我们家时，我偷偷将五角钱放在窗台上，他都很老实地拿过来交给我。"（余华《在细雨中呼喊》）

例句152：但是已经来不及了，鸽子已经飞走了。（王小波《青铜时代》）

将例句143至例句147的存在物都改成定指名词后，即例句148至例句152都可以放在句首，做句子的主语。这种现象与第一节中提到的英语非宾格动词的显性非宾格现象类似。与英语相同，在汉语中，这一现象也只存在于非宾格动词中，非作格动词没有这一现象，如例句153。

例句153：

（a）病人咳嗽了。

（b）*咳嗽了病人。

（潘海华，韩景泉2005：4）

例句 153 中的动词"咳嗽"是非作格动词,动作的主体"病人"只能处于句子的主语位置,如例句 153(a),不能处于宾语位置(不论是定指名词还是非定指名词),如例句 153(b)。因此,从以上例子中我们可以得出如下结论:汉语中的非宾格动词也有显性非宾格现象。

针对这一现象,汉语界的研究也是借助非宾格假设来进行解释的。

二、既往研究介绍及问题点

韩景泉(2001),潘海华、韩景泉(2005)以 Chomsky(1991,1993)对 there 句的分析为基础,提出了用语链传递格位假说(Case Transmission via Chain Hypothesis)来解释汉语中的显性非宾格现象。以下面的句子为例:

例句 154:

(a)沉了三艘货船。

(b)三艘货船沉了。

(潘海华,韩景泉 2005:3)

他们认为,如果不考虑话语功能的差异,由于例句 154(a)与(b)在结构上包含的词语相同,句子所表达的意义相近,因此在深层结构上应该是相同的。他们认为例句 154(a)与例句 154(b)之间是派生的关系。因为句子中的动词"沉"是非宾格动词,非宾格动词在深层结构上属于无主语结构,只能带一个域内论元,即底层结构的宾语。由于非宾格动词不能给其底层结构的宾语赋予宾格,因此为了满足赋格的问题,底层逻辑宾语的逻辑词缀移位到词首主语位置。由于汉语属于主语可脱落语言,因此这里的逻辑词缀只是一个空位,英语则是一个没有意义的虚位成分 there。逻辑词缀获得屈折 I 赋予的主格格位,通过与语迹形成的语链将主格格位身份传递给动词后的名词。有时候这类型的句首有一个方位成分,有人认为这个方位成分是句子的状语性主题。

韩景泉(2016)在最简方案的理论框架下对汉语显性非宾格句的结构运算进行重新分析,并且简单涉及了"瞎了一只眼睛"与"一只眼睛瞎了"的区别。他认为"瞎了一只眼睛",也就是显性非宾格句中,NP 构成句子的末尾焦点,即信息焦点或呈现焦点。如果将论元 NP 移入 spec-TP,也就是句法主语位置时,"一只眼睛"不再是呈现焦点。也就是说,汉语中非宾格动词的唯一论元是移位到主语位置还是保留在宾语位置，是为了造就不同的信息分布结构，体现不同的信息焦点，如徐烈炯（2002：408）中讨论了"客人来了"与"来了客人"之间的语用区别。"客人来了"表示事先知道客人要来，因此句子的信息焦点在于"来了还是没来"，"来了客人"表示事先不知道有客人要来，因此句末的"客人"充当信息焦点。

不论非宾格句中的名词是如何得到格位的，其根本的原因解释都是基于非宾格假设的，即都默认非宾格动词是一个原本只有宾语而没有主语的不及物结构。至于为什么非宾格动词会有这样的结构，在生成语法框架内是很难给出一个基于语义的本质解释的。上述观点中还有一些人们没有注意到的问题，这些观点都默认"一个人坐在椅子上"与"椅子上坐着一个人"有着基本相同的语义，它们之间的区别仅是信息结构的区别。但是，事实上它们存在以下三点问题：

第一，两个句子中的核心名词在本质上是不同的。"一个人坐在椅子上"这句话在实际的使用中是不自然的①。我们在表达同一语义时需要在一个人前面加上"有"，即"有一个人坐在椅子上"。这一点在存在句中表现明显，如"桌子上有一本书"，我们将核心名词"一本书"放到句首的时候不能说成"一本书在桌子上"，而是"有一本书在桌子上"。这里虽然只添加了一个"有"字，然而却有着本质的区别。汉语中"有"字原本表示领有关系，要求有两个参与者，即领有者与领有物，如"张三有一套房子"。当"有"前面的参与者缺失时，或者表示当时的地点或听话人，如"有人！"（当时的地点），"有钱吗？"（听话人），或者表示绝对存在，如"我和你说啊，真有鬼"。前面我们提到过，是否以绝对存在为前提是区分虚拟实体与实在事体的主要区别。当一个非定指的名词前面加上"有"时，相当于将这个实体的绝对存在告知了听话人，也就是说"有＋非定指名词"在整体上形成了一个实在的事体。"一个人坐在椅子上"不自然，"有一个人坐在椅子上"就自然了，这说明当核心名词处于主语位置的时候，这个核心名词应该是实在的。

---

① 在汉语表示实在过程的小句中，类似于"一个人"这样的表达也有用在句首的情况，如"一个人在操场上走着，突然感到无比失落"。这时，"一个人"表达的往往不是非定指的动作主体，而是动作主体的动作方式，是"一个人"做这件事，还是"两个人"一起做这件事。在表达虚拟过程的小句中，"一个人"这样的非定指名词可以位于句首，如"一个人为了求生，会顽强抵抗"。

相反，当核心名词处于宾语位置时，应该是虚拟的，如例句 155。

例句 155[①]：

（a）柑橘里有一封短信→＊柑橘里有那封短信。

（b）正位上坐着一个人→＊正位上坐着他。

（c）总领事馆来了一个人→＊总领事馆来了张三。

将存现句中的核心名词改为实在的名词时，即"一封短信"改为"那封短信"，"一个人"改为"他"，"一个人"改为"张三"，句子便显得更加不自然了。

第二，两个句子的语义不同。"张三坐在椅子上"表示的是张三的行为，"椅子上坐着一个人"表示的不是行为，这一点可以通过能否使用意愿表达来论证，如例句 156。

例句 156[②]：

（a）张三在那把椅子上坐着。→张三想坐在那把椅子上。

（b）那把椅子上坐着一个人。→＊那把椅子上想坐一个人。

例句 156（a）表示"张三"具体的动作，因此可以通过动词前添加"想"来表达"张三"的意愿；例句 156（b）表示的不是"一个人"的具体动作，因此直接在动词前加上表示意愿的"想"之后，句子不成立。也就是说，虽然两个句子都使用了"坐着"这个动词，但是表达的句义是完全不同的。

第三，两个句子中方位名词对介词"在"的需求不同。核心名词处于主语位置的句子中，方位名词必须有介词"在"；核心名词处于宾语位置的句子中，方位名词可以不用介词"在"，如例句 157。

例句 157[③]：

（a）张三在椅子上坐着。→＊张三椅子上坐着。

（b）椅子上坐着一个人。→在椅子上坐着一个人。

例句 157（a）中核心名词"张三"处于主语位置，这个句子中，方位成分"椅子上"前面必须有介词"在"，否则句子不成立；例句 157（b）中核心名词"一个人"处于宾语位置，这个句子中，方位成分"椅子上"前面可以没有介词"在"。

以上这些语言事实表明，"｛有一个人／张三｝坐在椅子上"与"椅子上坐着

---

① 作者自创例句。

② 作者自创例句。

③ 作者自创例句。

一个人"是完全不同的句子，它们分属于不同的构式，不是派生的关系。汉语的不及物动词中虽然也存在非宾格动词与非作格动词的区别，但是用"派生"是无法解释这两个句子的实质差别的。

第三节　日语中的非宾格现象

上一节我们介绍了汉语中的显性非宾格现象，为了更清楚地认识这一现象的本质，在这一节中，本书探讨日语中的非宾格性。本节分为两部分，第一部分介绍日语中非宾格动词与非作格动词在句法上的不同表现，第二部分考察日语中是否有显性非宾格现象。

一、日语中的隐性非宾格现象

上面我们提到，非宾格假设认为非宾格动词与非作格动词之间的区别在于底层结构所带的唯一论元不同，非宾格动词在其底层结构只有内论元（宾语），非作格动词在其底层结构只有外论元（主语）。影山（1996）认为日语中也存在着非宾格动词与非作格动词的区别，日语中虽然没有类似于 there 句的句式，但是可以通过一些句法表现来证明。日语中非宾格动词表层的主语类似于及物动词的宾语，非作格动词表层的主语类似于及物动词的主语。

下面介绍影山（1996）与岸本（2005）中的几种方法来说明日语中非宾格动词与非作格动词的不同句法表现。

第一，名词化结构中的格标记。Johnson&Postal（1980：379）提出，虽然英语中两种不同种类的不及物动词主语在表面上很难进行区分，但是通过名词化这一句法操作可以看出它们之间的不同，具体如下：

及物动词：the destruction of the accident city by the Vandals

非作格动词：dreaming by children、swimming by individuals、with heart trouble、meditation by experienced monks、smiling by movie stars

非宾格动词：sinking of/*by the ship、dripping of/*by the faucet、the existence of/*by demons、rise of/*by the price of steak

（影山 1996：22–23）

英语中的及物动词名词化（如 destroy → destruction）后，施事主语用介词 by 来标记，宾语受事用介词 of 来标记。非作格动词在名词化后，主语与及物动词的施事相同，用 by 来标记；非宾格动词名词化时，主语却与及物动词的宾语相同，用 of 来标记。也就是说，非宾格动词的主语与及物动词的宾语有着相同的格标记[①]。

影山（1996）用同样的方法来观察非宾格动词与非作格动词的句法表现差异。日语中与 by、of 对应的分别为「による」和「の」。

例句 158：

（a）バンダル族による古代都市の破壊。

（b）男子生徒による競争、委員全員による投票、未成年による飲酒運転。

（c）古代都市の/* による崩壊、物価の/* による上昇、ジェット機の/* による存在。

（影山 1996：23）

「による」表示自主性动作的主体，例句 158（a）为日语及物动词名词化的例子，其中主语「バンダル族」用「による」来表示，宾语「古代都市」用助词「の」来标记。（b）为非作格动词名词化的例子，主语全部都用「による」来标记，与及物动词中的主语相同。（c）为非宾格动词名词化的例子，主语都用助词「の」来标记，不能用「による」进行标记，与及物动词的宾语相同。也就是说，与英语相同，日语中非宾格动词的主语也表现出了与及物动词的宾语类似的特征。

第二，结果构式。影山（1996）通过结果构式来对比日语与汉语中的非宾格动词与非作格动词的区别，也得出了相同的结果。结果构式是指例句中包含 to bits、solid 等表达变化结果内容的构式。

例句 159：

（a）The glass broke to bits.

（b）The river froze solid.

（影山 1996：26）

例句 159（a）中的结果构式 "to bits" 描写的是玻璃杯碎了之后的结果状态，这种描写被称为结果谓语（resultative，结果述语），注意与下面的状态描写（depictive）进行区分。

---

① 作格语言中，及物动词的宾语与非宾格动词的主语使用相同的格标记。

例句 160：

（a）Americans don't eat fish raw.

（b）The King ate dinner nude.

（影山 1996：27）

同样是状态描写，例句 160 描写的状态不是变化的结果，（a）句的 raw（生的）是指美国人在吃鱼时鱼的状态，而不是吃完鱼之后鱼的结果；（b）句 nude（裸体的）指的是国王进餐时的状态，而不是国王进餐之后变化的结果。例句 160（a）和（b）的这种状态描写，既可以指向宾语（a 句中的鱼），也可以指向主语（b 句中的国王）。下面是不同种类动词句中的结果构式。首先，看及物句中的结果构式，具体如下：

例句 161：

（a）Mary broke the glass to pieces.

（b）Mary painted her room white.

（影山 1996：27）

例句 162：

（a）メアリはグラスを　こなごなに割った。

（b）メアリは部屋を　白く塗った。

（影山 1996：27）

例句 161 中（a）和（b）均为及物句，两句中的结果构式表示的都是宾语的结果状态。例句 162 的日语及物句也相同。结果构式表示的也都是宾语「グラス」与「部屋」的结果状态。相反，结果构式是否可以表示主语的结果状态呢，看例句 163。

例句 163：

（a）*Mary broke the glass to tears.

（b）*Mary painted her room exhausted.

（影山 1996：27–28）

例句 164：

（a）* メアリは靴をクタクタに磨いた。

（b）* メアリは部屋の壁をへとへとに塗った。

（影山 1996：27–28）

例句 163（a）和（b）将句子的结果构式部分改成了主语指向，两个句子都是不成立的。例句 164 中的日语也相同，将结果构式的语义内容改为主语指向时，句子也不成立。因此这里可以得出如下结论：及物动词句中的结果构式只能修饰宾语。下面是不及物动词句中的情况：

例句 165：

（a）*The baby cried to sleep.

（b）*The lecturer talked hoarse.

（影山 1996：28）

例句 166：

（a）* 赤ん坊はクタクタに泣いた。

（b）* 講師はカラカラに喋った。

（影山 1996：28）

例句 167：

（a）The glass broke to pieces.

（b）The lake froze solid.

（影山 1996：28）

例句 168：

（a）グラスがこなごなに割れた。

（b）湖がカチカチに凍った。

（影山 1996：28）

例句 165、例句 166 分别是英语与日语的非作格动词句，例句 167、例句 168 是英语与日语的非宾格动词句。例句 165、例句 166 在句法上不成立，表明非作格动词句的主语与及物句的主语相同，都不能被结果构式所修饰；例句 167、例句 168 成立，表明非宾格动词句中的结果构式均指向了句子表面的主语，也就是说，非宾格动词句的主语与及物动词句的宾语表现出相同的倾向，即都可以被句中的结果构式修饰。

第三，かけ名词结构。岸本（2005）用かけ名词结构对日语中非宾格性、非作格性进行了分析。かけ名词结构是指通过添加词缀「かけ」来使动词名词化形成的结构，如例句 169。

例句 169：

（a）飲みかけのビール

（b）このビールは飲みかけだ。

（岸本 2005：113）

「かけ」是日语中表示体貌的词缀，接在动词连用形后，可以使动词名词化。かけ名词结构既可以用来修饰名词，如例句 169（a）；也可以用作名词谓语，如例句 169（b）。这两种用法在日语中大致呈现出相同的分布情况。其中（a）句名词修饰的用法，所修饰的目标都是及物动词的宾语，如以下例句：

例句 170：ジョンが本を読んだ。→読みかけの｛本 /* ジョン｝。

（岸本 2005：114）

例句 171：受験生が問題を解いた。→解きかけの｛問題 /* 受験生｝。

（岸本 2005：114）

例句 172：お母さんが大根を切った。→切りかけの｛大根 /* お母さん｝。

（岸本 2005：114）

以上例句说明，日语及物句中，かけ名词只能修饰宾语，不能修饰主语。通过「渡す」「あげる」「伝える」等可以带双宾语的动词进行测试后，发现かけ名词只能修饰直接宾语，不能修饰由格助词「ニ」标记的间接宾语，如例句 173。

例句 173：

（a）郵便屋さんが主人に手紙を渡した。

（b）渡しかけの｛手紙 /* 主人｝。

（岸本 2005：114）

「教える」中可以被「ヲ」格标记的宾语有两种，如例句 174。这两种宾语都可以被かけ名词修饰。

例句 174：

（a）木村先生がこの生徒にお金の計算法を教えた。

（b）木村先生がこの生徒を教えた。

（c）教えかけの｛生徒 / お金の計算法｝。

（岸本 2005：115）

「伝授する」虽然与「教える」一样，有三个论元，但是只有一个论元可以被格助词「ヲ」标记，かけ名词可以修饰的也只有这一个论元，如例句 175。

例句 175：

（a）師匠が弟子に秘伝を伝授した。

（b）＊師匠が弟子を伝授した。

（c）伝授しかけの｛秘伝 /＊弟子｝。

（岸本 2005：115）

有些动词的宾语可以是客体，也可以是场所，如例句 176 中的「詰める」。这类型动词的かけ名词也可以修饰这两种类型的宾语。

例句 176：

（a）ジョンは、バッグにシャツを詰めた。

（b）ジョンは、バッグをシャツで詰めた。

（c）詰めかけの｛シャツ / バッグ｝。

（岸本 2005：115）

从以上测试可以看出，かけ名词结构可以修饰由格助词「ヲ」标记的名词。但是可以被かけ名词修饰的成分不只有格助词「ヲ」标记的名词。日语中有一类动词，有及物与不及物两种用法，如「閉める / 閉まる」「沈む / 沈める」「燃える / 燃やす」等，这类型动词在及物用法中，かけ名词修饰的目标为宾语；不及物用法中，かけ名词修饰的目标为主语，如例句 177 和例句 178。

例句 177：ジョンが窓を閉めた。→閉めかけの｛窓 /＊ジョン｝。

（岸本 2005：115）

例句 178：窓が閉まった。→閉まりかけの窓。

（岸本 2005：115）

将例句 177 的及物句变为被动句，发现可以被かけ名词修饰的是被动句的主语。

例句 179：窓が閉められた。→閉められかけの窓。

（岸本 2005：116）

例句 178 与例句 179 中的主语都与例句 177 中的宾语具有相同的语义角色，也就是说，有及物与不及物两种用法的动词，不及物用法中主语和被动句的主语都与及物动词的宾语有相同的地方，虽然它们有不同的格标记，在及物句中为「ヲ」，但是在非宾格句与被动句中都为「ガ」。

再看非作格动词，由于非作格动词与及物动词的主语类似，因此かけ名词不能修饰非作格动词的主语，如以下例句：

例句180：ジョンが大声で叫んだ。→ ?* 叫びかけのジョン

（岸本2005：117–118）

例句181：作業員が熱心に働いた。→ * 働きかけの作業員

（岸本2005：117–118）

非宾格动词的主语与及物动词的宾语类似，因此可以被かけ名词修饰，如以下例句：

例句182：野菜が腐ってしまった。→腐りかけの野菜

（岸本2005：118）

例句183：プールで子供が溺れた。→溺れかけの子供

（岸本2005：118）

综上，日语中的不及物动词也有非宾格与非作格的区别，与英语相同，非宾格动词的主语相当于及物动词的宾语，非作格动词的主语相当于及物动词的主语。既然日语中也有非宾格动词与非对格动词的对立，那么日语中是否也存在显性非宾格现象呢？

二、日语中是否有显性非宾格现象

显性非宾格现象主要是指在一些表示存现类动词构成的句子中，其核心名词既可以位于主语位置，也可以位于宾语位置的现象。由于汉语与英语均属于SVO语言，名词短语在句中的位置表示该名词的语法身份。因此，显性非宾格现象也可以描述为，在一些表示存现类动词构成的句子中，其核心名词充当主语，也可以充当宾语。日语是有助词的黏着语，语序相对自由，名词短语的语法身份由格助词来表示，如「ガ」表示主语，「ヲ」表示宾语。那么，日语中表示存现类动词构成的句子中，其核心名词是否可以既被「ガ」标记，又被「ヲ」标记呢？

例句184[①]：

（a）（片山は）目の前に、死体があることにも、さほど恐怖を覚えなかった。（赤川次郎『三毛猫ホームズの歌劇場』）

---

① 已经母语者确认。

127 |

（b）*（片山は）目の前に、死体をあることにも、さほど恐怖を覚えなかった。

例句 185①：

（a）部下らしい男が通路側の席に座っている。その部下がなにやら言い訳めいたことを口ばしった。（花村萬月『二進法の犬』）

（b）*部下らしい男を通路側の席に座っている。その部下がなにやら言い訳めいたことを口ばしった。

例句 186②：

（a）海斗はマンガ本を読んでダラダラしていた。すると一部屋にマリアさんが来た。（落合ゆかり『黄昏の放課後』）

（b）*海斗はマンガ本を読んでダラダラしていた。すると一部屋にマリアさんを来た。

例句 184、例句 185、例句 186 分别表示存在、静态存在、出现。很明显，这三个句子中的核心名词只能用「ガ」标记，不能用「ヲ」标记。

上一节提到，汉语中的显性非宾格现象中，核心名词位于主语位置还是宾语位置，其虚拟性是不同的，位于主语位置的核心名词必须是实在的，位于宾语位置的核心名词必须是虚拟的。那么，日语中的存现句是否存在虚拟性的限制呢？

例句 187：

（a）机の上に｛私の／あらゆる／すべての｝本がある。（影山 2011：264）

（b）目の前の俺の布団の上に先ほどの猫が座っている。時計を見ると『丑三つ時』だよ。（Yahoo！ブログ）

（c）海斗はマンガ本を読んでダラダラしていた。すると一部屋にマリアさんが来た。（落合ゆかり『黄昏の放課後』）。

例句 187 中（a）（b）（c）的核心名词都是定指名词，这些句子都成立。与汉语不同，日语存现句中的核心名词没有虚拟与实在的限制。汉语用"有"构式

---

① 已经母语者确认。

② 已经母语者确认。

表示的存在句中，存在物必须是虚拟的，日语存在句中的存在物既可以是虚拟的也可以是实在的。在汉语存现句中也相同，核心名词位于宾语位置的存现句要求核心名词必须是虚拟的，日语存现句中的核心名词既可以是虚拟的，也可以是实在的。这说明，汉语表达存在的"有"构式与核心名词位于宾语位置的存现句类似，日语的存在句与日语的存现句类似，即"桌子上有一本书"与"椅子上坐着一个人"类似，「公園に子供／太郎がいる」与「椅子に子供／太郎が座っている」类似。从这一现象中可以推出，汉语与日语中显性非宾格现象有无差异，与存在、领有之间的交互影响密切相关。

第四节　显性非宾格现象出现的动因

这一节主要解决以下两个问题：为什么汉语中会出现显性非宾格现象，日语中没有；非宾格动词与非作格动词的本质区别。

一、两种句式的语义分析

本书在第二节中分析了汉语显性非宾格现象的一些特征，可以总结如下：第一，显性非宾格所涉及的两个句式中，对核心名词的限制是不同的，核心名词位于主语位置时，必须为实在的，核心名词位于宾语位置时，必须为虚拟的；第二，两个句式所表达的句义不同，核心名词位于主语位置时，表示自主性的动作或行为，核心名词位于宾语位置时，不表示自主性的动作或行为；第三，两个句式中方位成分对介词"在"的要求不同，核心名词位于主语位置时，方位短语前必须有介词"在"，核心名词位于宾语位置时，方位成分可以没有介词"在"。

据此，本书认为显性非宾格现象中的两个句式是完全不同的。为了清晰地描述这两个句式的句义特征，需要在概念—构式界面对这两个句子进行分析。为了叙述方便，以下本书将核心名词位于主语位置的句式称为 A 类存现句，将核心名词位于宾语位置的句式称为 B 类存现句，这两种句式可以简单表示如下：

A 类存现句：核心名词 +V+ 在 + 方位短语或核心名词 + 在 + 方位短语 +V

B 类存现句：方位短语 +V+ 核心名词

本书认为，A 类存现句的句义为"某物的存在状态或存在状态的变化"，B 类存现句的句义为"某一方位的空间性状态 / 空间性状态变化"。如 A 类存现句，"张三在椅子上坐着"表示"张三"的存在状态，是"坐"着存在的；"张三进了房间"表示"张三存在状态的变化"，即从"屋子外面的存在状态"变为"屋子里面的存在状态"。B 类存现句，"椅子上坐着张三"表示"椅子上"的空间性状态，即"有一个人坐着"；"屋子里飞进来一只蜜蜂"表示"屋子里"的空间性状态变化，即从"没有蜜蜂"的空间状态变成了"有一只蜜蜂进来了"的空间状态。

日语中表达类似句义的句子只有一种，都用及物构式来表达，如「太郎が椅子に座っている」表示静态存在，「太郎がグラウンドを走っている」表示动态存在，「太郎が部屋に入った」表示隐现。我们将以上三类句子统称为"日语存现句"。日语存现句中没有 A 类与 B 类的区别。

本书认为，汉语中 A 类存现句与 B 类存现句分别是用"有"构式表达的存在句与用"在"构式表达的存在句扩展形式，日语存现句是日语存在句的扩展形式。

二、存在句的分化

本书在前文中提到汉语的存在句有两种类型：一种是"有"构式表示的"虚拟事体的方位存在"，一种是用"在"构式表示的"实在事体的方位存在"。在日语中，不论存在物是虚拟的还是实在的，都可以用同一种构式来表达[1]，也就是说，汉语中的存在句发生了分化，日语中的存在句没有发生分化[2]。本书认为这一差异是两种语言的存在句中概念义与构式义之间不同的关系所导致的。

日语中存在句的基本构式是"有一致关系的ある / いる构式"（にが构式，以下略），"有一致关系的ある / いる构式"的基本义为"存在"，所表示的概念义也为"存在"。由于存在概念本身不要求存在物的虚拟性，因此在概念义与构式义融合后形成的日语存在句也不要求存在物的虚拟性。这样一来，这个构式便可以表达所有的方位存在概念（虚拟的和实在的），如图 5-4-1 所示（图中的实心点与空心点表示该例示既可以是实在的，也可以是虚拟的）。

---

[1] 实在事体的存在还可以用所在句表达，这里主要讨论存在句，暂不讨论日语中的所在句。

[2] 日语中虽然也有所在句，但是存在句与所在句基本要素（助词与动词）都相同，因此视为没有分化，只是信息结构的区别。

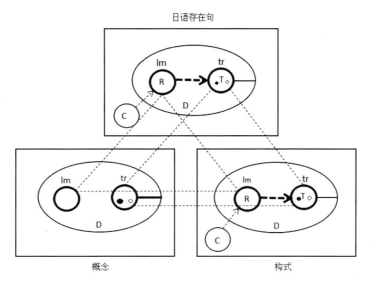

图 5-4-1　日语存在句

汉语与日语不同，汉语中表达存在的基本构式是"有"构式，由于"有"构式的构式义为"领有"，概念义为存在，二者在对核心名词的虚拟性上要求不同，构式义要求核心名词必须是虚拟的，概念义没有这一要求。二者在融合形成汉语存在句的过程中发生交互影响，使得最终的存在句也体现出定指效应，即核心名词必须是虚拟的，如图 5-4-2 所示。

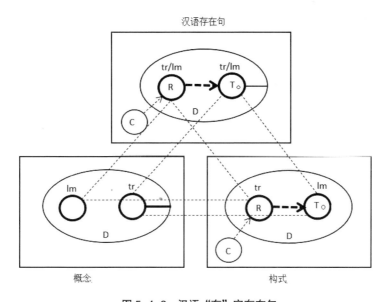

图 5-4-2　汉语"有"字存在句

这样一来，这一构式便无法表示"实在事体的方位存在"，因此需要有另外的构式来表达"实在事体的方位存在"，于是"在"构式便产生了，也就发生了存在句的分化现象。

与存在句不同，不管是日语还是汉语，领有句都不会出现分化现象。因为领有句中领有物的虚拟性只有一种情况，不存在"实在事体的领有"。

三、存在概念与领有概念的扩展

存在与领有在意义上都可以扩展。方位存在概念表示"某一方位存在某一事体"，在这一基础上，存在的具体性发生扩展（图5-4-3），由"单纯的存在"扩展为"存在的状态"，是"坐着存在"还是"跑着存在"；存在的体貌发生扩展，由"单纯的存在"扩展为"存在的出现与消失"，即"存在状态的变化"。两种扩展合起来也可以描述为"存在的状态/存在状态的变化"。经过扩展后，方位存在的一些基础特性依然保留，依然有虚拟与实在两种，即"扩展了的实在方位存在"与"扩展了的虚拟方位存在"。前者即A类存现句的概念义，后者即B类存现句的概念义。

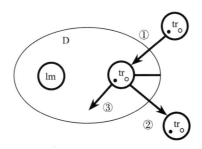

图5-4-3 扩展了的存在概念

同样，领有表示"领有者拥有领有物"，在这一基础上，领有的具体性发生扩展（图5-4-4），由"单纯的领有"扩展为"领有的具体状态"，是"领有物正常状态的领有"，也是"领有物其他状态的领有"。如"张三有一台电脑"，是"领有物正常状态的领有"；"张三坏了一台电脑"，是"领有物'坏了'这一状态的领有"。领有的体貌发生扩展，由"单纯的领有"扩展为"领有的出现与消失"，即"领有状态的变化"，如"王冕死了父亲"，是"领有的消失"。两种扩展合起来可以描述为"领有的状态/领有状态的变化"。经过扩展后，另有的一些基础特性依然保留。领有物依然是虚拟的，图中用空心点表示。

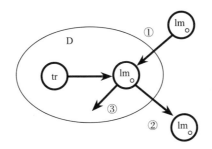

图 5-4-4　扩展了的领有概念

四、相关构式的扩展

随着方位存在概念的扩展，用来表示这一语义的构式也发生了扩展，日语中的有一致关系的"ある / いる构式"扩展为由具体动作动词构成的构式，其格序列在原来的基础上呈现出多样化，由"ニガ类型"扩展为"｛ニ / カラ / ヲ｝ガ类型"，构式义由原来的"方位存在"扩展为"存在的状态 / 存在状态的变化"，如以下例句：

例句 188：

（a）「笑い話をしてるんじゃなくて。壁の中に猫がいるのよ。聞こえるの」（アンジー・セイジ『七番目の子』）

（b）目の前の俺の布団の上に先ほどの猫が座っている。時計を見ると『丑三つ時』だよ。（Yahoo！ブログ）

例句 189：

（a）「まさか用具室に先生がいるとは思わなかったし、はじめは打ち合わせ済みの密会かと思ったんだ」。（高竜也『禁辱の虜』）

（b）職員室から担任の木下先生が出てきた。（稲葉『かまち』）

例句 190：

（a）それでも目の前に母がいることが楽しい。

（立松和平『雪より白い鳥』）

（b）前を小松が走っている。その前にいるのが望月だ。白転車のクランクはとんでもない回転数で回っている。（斎藤純『銀輪の覇者』）

例句 188（b）表示静态存在，依然是"ニガ类型"；例句 189（b）表示存在

的消失，由"ニガ类型"扩展为"カラガ类型"；例句190（b）表示动态存在句，由"ニガ类型"扩展为"ヲガ类型"。如图5-4-5所示。

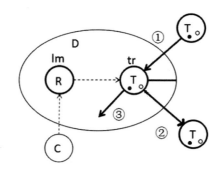

图5-4-5 扩展了的有一致关系的ある/いる构式

"有"构式的扩展：汉语由原来的"有"构式扩展为由具体动词构成的构式，构式的结构仍然不变，表述如下：

方位短语＋有＋虚拟名词→方位短语＋具体动词＋虚拟名词

构式特征也保持不变，位于句首的方位名词依然不需要介词"在"，位于动词后的名词依然要求是虚拟的，不能是实在的，如例句191至例句193。

例句191：

（a）可是过了一会儿，他又坐了起来，说："外边有一个人。"（叶芝《神秘邮件》）

（b）果然七八个人，围住一张桌子。正位上坐着一个人，口里撒着一根假琥珀烟嘴，向上跷着，身子向后一仰，靠在椅子背上，静望着众人微笑。（张恨水《春明外史》）

（c）*果然七八个人，围住一张桌子。正位上坐着他，口里撒着一根假琥珀烟嘴，向上跷着，身子向后一仰，靠在椅子背上，静望着众人微笑。

例句192：

（a）他可以策马前进时，有人对他喊那里有一只兔子，然后又对他说兔子逮住了。（蒙田《蒙田随笔全集》）

（b）远远的一株橘子树上飞走了一只乌鸦，掉落了一个橘子，落在泥地上钝钝的一声响，这只狗不必吩咐，就奔窜过去，一会儿便把橘子衔回来了。（沈从文《长河》）

（c）＊远远的一株橘子树上飞走了那只乌鸦，掉落了一个橘子，落在泥地上钝钝的一声响，这只狗不必吩咐，就奔窜过去，一会儿便把橘子衔回来了。

例句193：

（a）几间小屋在一棵老槐树旁藏着，树底下有几只鸡和一只鸭子。（老舍《牛天赐传》）

（b）老几发现这回邓指的生活环境大有改善，三间平房一个小院，院里跑着一群鸡、蹦着几只兔子。（严歌苓《陆犯焉识》）

（c）＊老几发现这回邓指的生活环境大有改善，三间平房一个小院，院里跑着那群鸡、蹦着几只兔子。

例句191、例句192、例句193 中的动词"有"分别变为表示具体动作的"坐""飞""跑"，句法结构特征与"有"构式相同，句首方位短语不需要介词"在"，动词后名词必须为虚拟的，表示实在事体的"他""那只乌鸦""那群鸡"是不能出现在这个构式中的，这个构式便是上面提到的 B 类存现句的构式。由于"有"构式的构式义为"领有关系"，因此扩展了的"有"构式的构式义应为"领有的状态／领有状态的变化"。语义图式如图5-4-6所示。

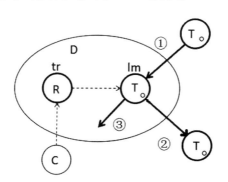

图 5-4-6 扩展了的"有"构式

"在"构式的扩展：汉语中原来的"在"构式扩展为由具体动词构成的构式。构式的结构基本不变，表述如下：

实在名词＋在＋方位短语→实在名词＋具体动词＋在＋方位短语

或实在名词＋在（或其他介词）＋方位短语＋具体动词

位于句首的名词短语依然一般是实在的，谓语句中的方位短语保留"在"构式中的"在"，或改为其他介词，如"从""到"等。

例句 194①：

（a）张三在公园里。→ {张三 /* 一个人} 坐在椅子上。

或 {张三 /* 一个人} 在椅子上坐着。

（b）张三在教室里。→ {张三 /* 一个人} 从教室走出去了。

或 {张三 /* 一个人} 走出教室了。

（c）张三在操场上。→ {张三 /* 一个人} 在操场上走着。

或张三 /* 一个人} 走在操场上②。

例句 194 中谓语"在"分别变为具体动词"坐"与"走"。所用构式为"在"构式的扩展形式，句法结构特征与"在"构式相同，句首名词必须是实在的，句中方位短语需要介词"在""从"等。表示虚拟事体的"一个人"不能出现在这个构式中，这个构式便是上面提到的 A 类存现句的构式。由于"在"构式的构式义为"实在事体的存在"，因此扩展了的"在"构式的构式义应为"实在事体存在的状态 / 存在状态的变化"。其语义图式如图 5-4-7 所示。

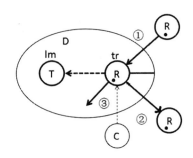

图 5-4-7　扩展了的"在"构式

综上，存在句与存现句之间的扩展关系可以总结为表 5-4-1。

表 5-4-1　存在句与存现句之间的扩展关系

	概念义	扩展了的概念义	构式义	扩展了的构式义
日语	存在	存在的状态，存在状态的变化	存在	存在的状态，存在状态的变化
汉语	虚拟事体的存在	虚拟事体存在的状态，存在状态的变化	领有	领有的状态，领有状态的变化
	实在事体的存在	实在事体存在的状态，存在状态的变化	存在	存在的状态，存在状态的变化

---

① 作者自创例句。

② 有前后文句子的自然度会提高，如张三走在操场上，吸着新鲜的空气，心里舒服多了。

日语中，扩展后的概念义与扩展后的构式义是一致的。在汉语中，虚拟事体与实在事体的情况不同。与扩展前相同，虚拟事体扩展后的概念义与构式义是不一致的，概念义是扩展了的方位存在，构式义是扩展了的领有，因此存在交互影响；实在事体扩展后的概念义与构式义是一致的，没有交互影响发生。

五、概念—构式界面的语义研究

（一）日语存现句

日语表示存现语义的句子概念义与构式义是一致的，都是"扩展了的方位存在"，如图 5-4-8 所示。

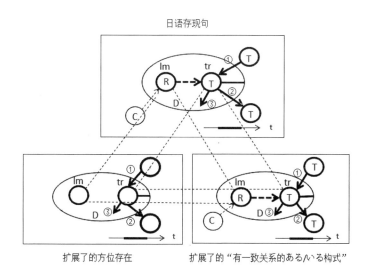

图 5-4-8 日语存现句

左下方是概念义，即"扩展了的方位存在"。"扩展了的方位存在"概念不要求存在物的虚拟性，方位成分充当界标，存在物充当射体。右下方是扩展了的"有一致关系的ある/いる构式"，这种构式的构式义也是表示"扩展了的方位存在"，概念主体通过参照点 R 唤起一个搜索域 D，目标 T 定位于这个搜索域中。目标 T 既可以是虚拟的，也可以是实在的。参照点 R 充当界标，目标 T 充当射体。概念义与构式义融合形成日语存现句，由于没有交互影响发生，因此日语存现句表达的句义依然是"某物的存在状态或存在状态的变化",其中目标 T 也就是ガ格名词充当主语,没有虚拟 / 实在的要求,既可以表示"虚拟事体的存在状态 / 存在状态的变化",也可以表示"实在事体的存在状态 / 存在状态变化"。因此,日语存现句中的ガ格名词既可以是虚拟的,也可以是实在的。

(二)A 类存现句

汉语中的 A 类存现句,即"张三在椅子上坐着""张三进了房间"等句子。这类句子的概念义与构式义之间冲突较小,交互影响只体现在目标 T 的虚拟 / 实在的区别上,如图 5-4-9 所示。

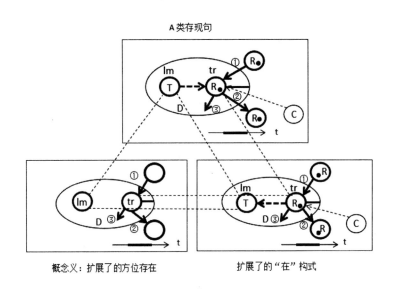

图 5-4-9　A 类存现句

左下方是概念义,即"扩展了的存在"。"扩展了的存在"概念不要求存在物的虚拟性,方位成分充当界标,存在物充当射体。右下方是扩展了的"在"构式,这种构式的构式义是表示实在事体存在的状态或存在状态的变化,因此参照点 R 中都有实心点来表示其实在性。概念义与构式义融合形成 A 类存现句的句义,二者之间的交互影响仅体现在参照点 R 的实在性上。由于构式义要求目标必须是实在的,因此在概念义与构式义融合形成的 A 类存现句中,参照点 R 也必须为实在的。句义变为"实在事体的存在状态或存在状态的变化",其中参照点 R 也就是核心名词充当主语。

（三）B类存现句

汉语中B类存现句的概念义为"扩展了的方位存在"，构式为"扩展了的'有'构式"，构式义为"扩展了的领有"。概念义与构式义之间存在语义差异，导致二者之间发生交互影响，具体的影响方式如图5-4-10所示。

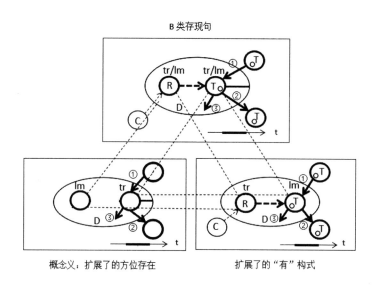

图 5-4-10　B 类存现句

左下方表示B类存现句的概念义，即"扩展了的方位存在"，表示存在的状态或存在状态的变化。"扩展了的存现"概念本身不要求存在物的虚拟性。在射体/界标组织上，方位是界标，存在物是射体。

右下方代表扩展了的"有"构式的构式义，即扩展了的领有义，表示领有的状态或领有状态的变化。与领有语义特征类似，概念主体通过参照点R定位领地D，领地D中有目标T。领有概念要求目标T的虚拟性，因此在B构式中，目标T中都有一个空心点来表示其虚拟性。在射体/界标组织上，参照点R是射体，目标T是界标。

上方是概念义与构式义融合后形成的B类存现句的句义特征。侧显的参照点能力关系中相关的元素与下方的概念义以及构式义一致，参照点R，目标T也与下方的构式义一致。在这一过程中，概念义与构式义不同的地方发生交互影响，形成一些特殊的句法表现特征。这些交互影响包括以下几点：第一，射体的身份。

概念义中方位为界标，存在物为射体；构式义中参照点 R 为射体，目标 T 为界标；融合后形成的 B 类存现句中，参照点 R 与目标 T 获得相同程度的突显，表现在语法上便是主语身份的模糊性。第二，目标的虚拟性。概念义对存在物的虚拟性没有要求，构式义要求目标 T 为虚拟的事体，由于虚拟 / 实在是语义上的限制，因此不论是概念义还是构式义，只要有一方存在这种限制，就会表现在最终的句法上，因此上方融合后的 B 类存现句也要求目标 T 为虚拟的。第三，最终句义的形成。概念义表示"扩展了的方位存在关系"，构式义表示"扩展了的领有关系"，二者进行语义融合后形成了新的句义："某一物体的空间性状态或状态的变化。"概念义中的方位成分由于受构式义中参照点突显度的影响，突显度得以提升，句中的语法身份不再是方位状语，而是承担了一部分主语的功能。因此，B 类存在句中的方位成分不需要介词"在"来引介。构式义中的领有关系由于与概念义中的存在关系交互影响，使得这种领有关系具体化（抽象的领有关系变为具体的位置关系）、过程化（稳定的领有关系变为时间性的位置关系）。这种变化可以认为是一种转喻，其前提是存在与领有之间的共性。这样一来，稳定的领有关系转喻为暂时性的位置关系。也就是非时间性关系转变为时间性关系，加上方位成分突显度的提升，即方位成分的语法身份接近于主语，这样就形成了 B 类存现句最终的句义"某一物体的空间性状态或状态的变化"。

（四）领主属宾句

除了上述句式外，还有一种句式，即扩展了的领有概念在汉语中的表达。扩展了的领有概念是指领有的状态或领有状态的变化。在汉语中，表达这一概念的构式是"扩展了的'有'构式"，与 B 类存现句相同，如例句 195。

例句 195：

（a）剑云却以为淑华猜到了他的心思，所以他张皇失措地红了脸。（巴金《春》）

（b）她摸摸嘴唇，无声地笑了。然后她低声说："我五，我嘴唇上长了胡子，我是'三大'，行了吧？放我过去吧？"（莫言《牛》）

（c）她是我们的远房亲戚。她死了父亲，境遇又很不好，说是要去"带发修行"。（巴金《家》）

这些句子就是我们所说的"领主属宾句"。领主属宾句这一概念是由郭继懋

（1990）提出的，具有以下特征：主语和宾语之间有比较稳定的"领有—隶属"关系，主语是"领有"的一方，宾语是"隶属"的一方。同时，句中的述语动词①（包括形容词）和主语没有直接的语义关系。（郭继懋 1990：24），如上面例句195中，"他"与"脸"、"我"与"胡子"、"她"与"父亲"之间都是领属关系，句中谓语动词"红了""长了""死了"表示的都不是主语的状态变化，而是宾语的状态变化。事实上，领主属宾句的这种语义就是"扩展了的领有关系"，（a）句表示领有的具体状态，（b）句表示领有关系的出现（领有状态的变化），（c）句表示领有关系的消失（领有状态的变化）。这类句子的概念义与构式义相同，没有交互影响关系，因此整体呈现出领有关系的语义特征，如图 5-4-11 所示。

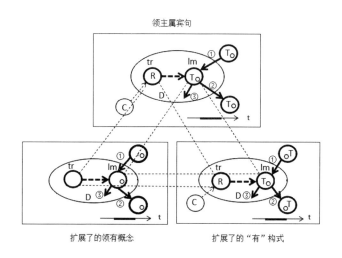

图 5-4-11　领主属宾句

左下方是概念义，即扩展了的领有，包括领有关系的出现、领有关系的消失、领有关系的具体状态，领有者为射体，领有物为界标。领有关系要求领有物必须为虚拟的，因此领有物中都有 个空心点。右下方表示的是扩展了的"有"构式的构式义，概念主体通过参照点 R 唤起一个领地 D，领地 D 中有目标 T。参照点 R 充当射体，目标 T 充当界标。由于概念义与构式义是一致的，因此二者融合之后形成的领主属宾句依然保留双方原有的特征，即参照点 R 充当射体，即句子的主语；目标 T 必须是虚拟的，即句子的宾语必须是虚拟的。整体的句义为"领有的状态或领有状态的变化"。

① 这里说的"述语动词"即"谓语动词"。

六、非宾格动词与非作格动词的本质区别

非宾格假设是在观察到 A 类存现句中的主语可以做 B 类存现句中的宾语这一现象，然后在这一现象的基础上提出的句法假设，这一假设的内容实际上就是对显性非宾格现象的句法描述。因此，在显性非宾格现象出现的动因问题上，用非宾格假设去解释是没有意义的，这犯了循环论证的错误，无法解释这一现象的本质原因。

在区分非宾格动词与非作格动词的问题上也是一样。通过观察显性非宾格现象中的动词，学界基本上将非宾格动词与非作格动词的区别定位在自主性的有无上，即非作格动词表示自主性的动作或行为，非宾格动词表示非自主性的动作或行为（参考 Perlmutter&Postal1984、影山 1999）。这样就遇到了以下问题，如例句 196。

例句 196：

（a）果然七八个人，围住一张桌子。正位上坐着一个人，口里撒着一根假琥珀烟嘴，向上跷着，身子向后一仰，靠在椅子背上，静望着众人微笑。（张恨水《春明外史》）

（b）老几发现这回邓指的生活环境大有改善，三间平房一个小院，院里跑着一群鸡、蹦着几只兔子。（严歌苓《陆犯焉识》）

这类型的存现句中，动词"坐""跑"本身的词汇义很显然是有自主性的，因此有观点认为动词的非宾格性在不同的句子中表现不同，例句 196 中的动词表示的"坐"与"跑"不是自主性的动作。这样一来，既然同一个动词既有非宾格性的一面，表示非自主的动作行为，又有非作格的一面，表示自主性的动作行为，那么，我们该如何区别一个动词是否可以有非宾格用法呢？也就是说，非宾格动词固有的本质特性是什么呢？

这一问题还要从 B 类存现句中寻找答案。B 类存现句是区分非宾格动词的专用句式。前面谈到，这类句子最终表达的语义为"某一物体的空间性状态或状态的变化"。在这类句子中，方位成分充当了一部分主语的功能。在汉语中，能作主语的成分除了宾语之外，还有间接宾语，如例句 197。

例句 197[①]：

（a）张三偷了李四三个苹果。

（b）李四被张三偷了三个苹果。

---

① 作者自创例句。

（c）李四的三个苹果被张三偷了。

例句 197 是一个带有双宾语的及物句，其中直接宾语与间接宾语都可以在被动句中作句子的主语。例句 197（b）是间接宾语作主语的情况，例句 197（c）是直接宾语作主语的情况。

因此，本书认为汉语句子中的方位成分，有些是间接宾语，有些是方位状语，这可以通过它们在句中的位置得到验证。一般来说，方位状语位于句子中间动词前的位置，不能处于动词后的位置，作句子间接宾语的方位成分可以居于动词后，如例句 198 和例句 199。

例句 198[1]：

（a）张三在屋子里玩耍。

（b）* 张三玩耍在屋子里。

例句 199[2]：

（a）张三在椅子上坐着。

（b）张三坐在椅子上。

例句 198 中的方位成分"在屋里"只能居于句中动词前，不能放在动词后，例句 198（b）句子不成立；例句 199 中的方位成分"在椅子上"既可以居于动词前，也可以居于动词后。本书认为前者中的方位成分是句子的状语，这类成分不能作句子的主语，因此这类动词不能进入存现句，后者中的方位成分是句子的间接宾语，这类成分可以作句子的主语，因此要求这类方位成分的动词是非宾格动词，可以进入存现句。在日语中，这类方位成分更是与宾语、直接宾语使用相同的格标记，如例句 200。

例句 200：

（a）バレンタインというと、日本ではもっぱら"女性が好きな男性にチョコレートを贈る日"になっているが、これは特殊な解釈である。太郎が次郎にプレゼントを贈った。（旅山端人『漂々三国留学記』）

（b）八時半にはもう全員がちゃんと机に座っている。（胡桃沢耕史『翔んでる警視正』）

---

[1]　作者自创例句。

[2]　作者自创例句。

（c）いま頃、加賀屋丸はどこの沖を走っているのだろう。（澤田ふじ子『狐官女』）

（d）臨終に立ち会えなかった友人の大岡昇平（二十八歳）は、棺の前で泣いた。（呉智英『マンガ狂につける薬21』）

例句200（a）是一个双宾语及物句，间接宾语为「好きな男性」，用格助词「ニ」表示，直接宾语为「チョコレート」，用格助词「ヲ」表示；例句200（b）中的动词「座る」是一个非宾格动词，这个非宾格动词选择的方位成分「机」用格助词「ニ」表示，与及物句中间接宾语的格标记相同；例句200（c）中的「走る」也是非宾格动词，选择的方位成分「どこの沖」用格助词「ヲ」标记，与及物句中直接宾语的格标记相同；例句200（d）中的动词「泣く」是非作格动词，句中方位成分「棺の前で」用格助词「デ」表示，与及物句中的直接宾语、间接宾语的格标记都不相同。

从以上分析我们可以得出，动词的词汇义要求有一个方位成分作间接宾语的动词，与该动词的自主性无关，如"走"与"掉"，这两个动词都要求方位成分作间接宾语，如"我们走在大路上，意气风发斗志昂扬""张三的橡皮掉在了地上"。其中，"走"是自主动词，"掉"是非自主动词，这两个动词都可以用于B类存现句，如"路上走着两个人""地上掉了一百块钱"。非宾格动词用于不同的存现句中，表现出不同的自主性。当非宾格动词用于A类存现句中时，核心名词作主语，表示主语的存在状态或存在状态的变化。如果动词本身是有自主的，体现出自主性，如"我们走在大路上"；如果动词本身是没有自主的，句子没有自主性，仅表示物体的存在状态（空间变化），如"张三的橡皮掉在了地上"。当非宾格动词用于B类存现句中时，方位成分的主语性增强，表示这一方位的空间性状态或状态的变化。这类句子是描述该方位动态属性的，因此不论动词本身词汇义是否有自主，句子整体都没有自主性，如"路上走着两个人"，表示"路"的空间性状态，即有两个人走在上面，"地上掉了一百块钱"表示"地"的空间性状态，即有一百块钱在上面掉着，都没有自主性。

综上，本书认为非宾格动词与非作格动词的本质区别为词汇义是否需要一个方位成分作间接宾语。如果需要，是非宾格动词，可以进入存现句，展示其非宾格性的一面；如果不需要，是非作格动词，不能进入存现句。

第五节　小结

这一章我们围绕显性非宾格现象讨论了两个问题。问题一：为什么汉语中存在显性非宾格现象，日语中不存在？问题二：非宾格动词与非作格动词的本质区别到底是什么？

问题一中的显性非宾格现象是指在英语或汉语的存现句中，核心名词既可以处于主语位置，又可以处于宾语位置的现象。由于传统观点认为存现句中的核心名词是主语，因此将核心名词称作显性非宾格。在解释显性非宾格现象的时候，不论是英语还是汉语，都用非宾格假设来解释。非宾格假设认为英语存现句中的动词是非宾格动词，这类动词只带有一个深层宾语，没有主语，当其深层宾语保留在原位的时候（即非宾格性表现在表层结构），形成 B 类存现句。本书认为，非宾格假设只是对显性非宾格现象进行了理论内部的描述，并没有涉及显性非宾格出现的动因。也就是说，为什么英语与汉语中的存现句会出现显性非宾格现象，至今仍然是未解的。

本章以认知语法为理论框架，通过对汉语与日语进行对比考察，提出汉语中显性非宾格现象出现的动因为汉语中表示存在的基本构式是领有构式的。这造成了存在表达的分化现象，"有"构式与"在"构式的分化；存在概念扩展为存现概念后，相对应的构式也发生了扩展，即"扩展了的'有'构式"与"扩展了的'在'构式"。扩展后的概念与扩展后的构式保持源概念、源构式的基本特征，依然存在分化现象。其中，"扩展了的'在'构式"表达实在事体的存在，即 A 类存现句，这类句式概念义与构式义基本上没有交互影响；"扩展了的'有'构式"表达虚拟事体的存现，即 B 类存现句。构式义与概念义发生交互影响，呈现出一些新的特征。这些新特征为：由于概念义与构式义中射体身份的差异，导致 B 类存现句主语难以界定，句首方位成分承担了一部分主语的功能；受构式义中定指效应的影响，B 类存现句也呈现出定指效应；A 类存现句与 B 类存现句同样是表现存现语义，B 类存现句由于受到构式义的影响，最终句式意义呈现为"某一方位的空间性状态变化"。

与汉语不同，日语中表示存在的基本构式是存在构式，存在表达没有分化现象。同样，存在概念扩展为存现概念后，相对应的构式也发生了扩展。扩展后的概念与扩展后的构式保留了源概念、源构式的基本特征，没有分化现象。因此，日语表存现类的句子中只有 A 类存现句，没有 B 类存现句，没有显性非宾格现象。

关于问题二，学界较普遍的观点认为自主性的有无是区分非宾格动词与非作格动词的方法。事实上，自主性的有无不是这两类动词的根本特性，而是 A 类存现句与 B 类存现句的性质。不论是有自主动词还是无自主动词，在 B 类存现句中都没有自主性。因此，非宾格动词与非作格动词的本质区别不在于自主性的有无。本书认为，非宾格动词与非作格动词的根本区别在于这两类动词在方位成分的需求不同。非宾格动词需要一个方位成分充当间接宾语的功能，非作格动词不需要这样的方位成分。当非宾格动词所需的方位成分位于句首充当主语功能时，便形成了 B 类存现句。

终　章

这一章主要分为两部分：第一部分对全文内容进行总结，第二部分对今后的研究进行展望。

第一节　全文小结

本书在认知语法视域内提出概念—构式界面语义分析法，并以存在与领有这一对概念为例，通过深入分析二者之间复杂的关系，从语义本质上对日语与汉语存在句与领有句中的三个特殊语言现象做出了全新的解释，这一研究同时也证明了概念—构式界面研究的重要性。

在具体探讨这三个语言现象之前，本书先在第一章对提出的概念—构式界面语义研究法做了详细阐述。这一研究法以认知语法的语法观为基础，认知语法是一门重视语言意义的语言学理论，它用象征结构（形式—语义的配对）来描述语法，这种描述方式可以形象地对语义进行多角度、多层次的动态描述。认知语法认为所有的语言元素都是有意义的，小到一个词素，大到一个构式。在此基础上，本书提出了概念—构式界面研究的方法，即句义是概念义与构式义融合后产生的。如果概念义与构式义之间有语义差异，那么在融合过程中会发生交互影响，导致特殊句义的产生，同时也导致一些特殊语言现象的出现。

第二章运用概念—构式界面语义研究法对汉语与日语中的存在句与领有句进行了描述。分为三个部分：第一部分在概念层面上描述存在概念与领有概念的概念义；第二部分在构式层面上分析两种语言的存在句与领有句中基本构式的构式义；第三部分在概念—构式界面探讨汉语与日语的存在句与领有句中概念义与构式义之间交互影响的情况。

在概念层面，领有、存在的语义特征相同点在于，都可视作在某一元素认定域中存在另一元素。不同点包括以下几个方面：第一，射体／界标组织不同，存在概念中的射体为存在物，领有概念中的射体为领有者；第二，领有概念中，领有者对领有物有积极的控制作用，存在概念中没有；第三，领有概念中的目标必须是虚拟的，存在概念中没有此限制；第四，领有概念是非时间性关系，存在概念是时间性关系。

在构式层面，日语与汉语的构式有着各自明显的特征。汉语中表示存在、领有的基本构式是"有"构式，这一构式的构式义是领有关系。其中，表示存在的构式分为两种，表达虚拟事体的存在使用"有"构式，表达实在事体的存在使用"在"构式，"在"构式的构式义是存在关系。日语中表示存在、领有的基本构式是"ある／いる构式"，这一构式的基本构式义是存在关系。当这一构式中的ガ格名词与动词之间没有一致关系时，构式表示的意义不再是存在关系，因此我们将日语的"ある／いる构式"分为了两种："有一致关系的ある／いる构式"与"没有一致关系的ある／いる构式"。前者的构式义为存在关系，后者的构式义为领有关系。

在概念—构式界面，汉语中存在概念义与构式义交互影响的是用"有"构式表达的存在句，这类存在句概念义为"存在"，构式义为"领有"，二者在融合过程中交互影响，最终形成特殊句义"某一方位的空间性状态"。在日语中，存在概念与构式义交互影响的是用"有一致关系的いる构式"表达的领有句。这类领有句的概念义为"领有"，构式义为"存在"，二者在融合过程中交互影响，最终形成特殊句义"领有物存在于领有者的领地中"。日语与汉语中的交互影响使得日语领有句与汉语存在句出现了一些特殊的语言现象，如主语身份模糊现象、定指效应现象、显性非宾格现象。在接下来的第三章、第四章、第五章中分别对这三个问题进行了论述。

第三章在概念—构式界面上，主要围绕日语领有句的主语身份问题进行了探讨。日语领有句的主语身份一直以来都是人们讨论的焦点，近年来争议最大的便是"いる领有句"的主语身份问题了。日语中用于认定主语身份的主流测试有两种：反身代词约束与敬语化。いる领有句在这两种测试中出现了不同的结果。针对这一结果，有些人主张将二格名词与ガ格名词都视为主语，区分大小或区分层级；有些人主张二格名词为主语，ガ格名词为宾语。主语身份的认定与主语的定义密切相关，认知语法中认为显面参与者中，突显度较高的一方即主要突显焦点（射体）为主语。いる领有句是一种概念义与构式义不同的句式，概念义是存在关系，构式义是领有关系。存在关系与领有关系在射体／界标组织上分布不同，存在关系中目标为射体，领有关系中参照点为射体。概念义与构式义融合形成いる领有句的过程中，射体／界标组织发生紊乱，双方几乎获得相同的突显度，因此造成了主语身份模糊的现象。汉语用"有"构式表达存在，构式义是领有关系，概念义是存在关系，同样在概念义与构式义融合形成存在句时也会发生射体／界标组织紊乱的现象，双方几乎获得相同的突显度，因此汉语的存在句中也产生了主语身份模糊的现象。

第四章在概念—构式界面上解决定指效应问题。定指效应最初是在英语存在句的研究中发现的，后来发现其他语言中也有这一现象，因此被认为是一种跨语言的普遍现象。有些研究认为定指效应是存在句特有的现象，并从语义、句法、语用等多角度做出解释。但是，有一些语言中是存在反例的。汉语与日语中就体现出了不同的现象。汉语的存在句中表现出定指效应，日语的存在句中没有这一现象。于是一些学者发现后提出，日语领有句与英语 there 句有相同的句法环境，即都为非宾格动词，句中的核心名词无法得到结构格，于是从动词处得到部分格，体现出定指效应。这一解释事实上没有涉及定指效应的本质问题，即这些结构中出现定指效应的语义动因究竟是什么。本书认为这一现象也是存在、领有的概念义与构式义交互影响的结果。定指效应是领有概念的固有特征，"定指"实际上就是认知语法中的"实在"概念，"非定指"就是"虚拟"概念。定指效应实际上指的是领有关系中领有物的"虚拟"性。因此，不论是概念义还是构式义，只要有一方是表示领有关系的，那么就会体现出定指效应。在汉语中，用"有"构式表达存在概念，构式义是领有关系，概念义是存在关系，因此汉语存在句体现定指效应；在日语中，存在句由"有一致关系的ある／いる构式"表示，概念义是存在关系，构式义也是存在关系，因此日语存在句中不体现定指效应。日语领有句虽然可以用"有一致关系的いる构式"，但是由于概念义表示领有关系，因此日语领有句中体现定指效应。

第五章在概念—构式界面上主要解决两个问题。第一个问题是为什么汉语中有显性非宾格现象，日语中没有。显性非宾格现象是存现句中核心名词既可以居于主语位置，也可以居于宾语位置的现象。目前，流行的解释虽然是非宾格假设，但是非宾格假设无法提供基于语义的本质解释。本书认为汉语中的显性非宾格现象也是存在、领有的概念义与构式义之间交互影响的结果。在汉语中，由于用概念义为领有的构式表达存在关系，由于领有关系中存在定指效应，导致汉语中实在事体的存在无法用"有"构式进行表达，于是出现了存在句的分化现象。存在概念扩展为存现概念，相对应的构式也进行了扩展，扩展后的概念与扩展后的构式都保留源概念、源构式的基本特征，因此存现句也出现了分化现象。其中实在事体的存现就是 A 类存现句，虚拟事体的存现就是 B 类存现句。B 类存现句由于概念义与构式义之间发生交互影响，使得方位成分突显度提升，得到一部分主语性，因此核心名词在 B 类存现句中居于宾语位置。日语中由于存在句的概念义与构式义没有交互影响，因此没有出现分化现象，因而也没有显性非宾格现象。

第二个问题是非宾格动词与非作格动词的本质区别。既往研究中认为非宾格动词与非作格动词的本质区别是自主性的有无。事实上，B 类存现句自主性的缺失不是动词语义的问题，而是句式意义的问题，也就是说 B 类存现句中虽然使动词的词汇义是有自主的，但句式的语义导致自主性的最终消失。因此，自主性不是非宾格动词与非作格动词的本质区别。本书认为非宾格动词与非作格动词本质的区别为是否需要一个方位成分作间接宾语。如果需要，则是非宾格动词；如果不需要，则为非作格动词。由于非宾格动词中的方位成分的语法身份是间接宾语，因此可以作句子的主语，形成 B 类存现句；非作格动词中的方位成分的语法身份不是必要成分，无法作句子的主语，因此无法形成 B 类存现句。

上述主语身份模糊问题、定指效应问题以及与显性非宾格相关的非宾格问题，都是体现在句法层面的问题，既往研究中有的将重点放在句法层面进行分析，或者仅在概念语义层面进行分析，使得这一本质原因一直被忽略。概念义—构式义界面的研究一直没有被提起，主要有以下两方面的原因：第一，对存在、领有的分析不够深入。既往研究对存在与领有的认识多年来一直停留在"领有可以概念化为存在"这一关系上，对二者之间的区别一直认知比较模糊。第二，概念义与构式义之间存在冲突的情况并不容易被意识到，因此这一界面的研究一直无人问津，本书通过"概念义与构式义交互影响"的研究，对以上问题及产生的动因做出了明确的解答。

第二节　本书的创新点

本书有以下创新点：

第一，在认知语法视域内提出概念—构式界面语义研究法。这与以往界面研究中的句法语义界面、句法语篇界面、句法语用界面等不同。概念—构式界面研究法中的概念界面与构式界面都是语义界面，没有纯句法界面。这是因为认知语法认为任何语法概念都是根植于语义的，我们应当对语义进行深入的描述分析。本书所提出的概念义与形式语义学中的概念意义不同，概念意义也是人类概念化的结果，包括概念内容与客观识解方式，客观识解是由概念内容的本质所决定的，因此与具体的语言形式无关，所有语言中客观识解的部分，即概念意义都是相同的。构式意义是反映具体语言形式的意义，这一界面的意义包括概念内容与主观识解、客观识解的部分，反映了不同语言使用者进行概念化活动时主观识解的习惯方式。在概念—构式界面，当概念义与构式义不一致时，概念义与构式义之间发生交互影响，导致特殊句义的产生（如汉语存在句，日语いる领有句），同时也导致了一些特殊语言现象的产生。

第二，运用概念—构式界面语义研究法深入剖析了汉语与日语中领有与存在的关系，分别在概念与构式两个层面对这两种句式进行了特征描述，提出领有概念中领有物虚拟性的特征、存在概念中时间性的特征，并且运用认知语法中意象图式的描绘方法，清晰、直观地展现了二者之间的关系与区别。

第三，从意义本质上清晰解释了汉语与日语存在句、领有句中的三个特殊语言现象。主语身份模糊现象、定指效应现象、显性非宾格现象是汉语与日语存在句与领有句中的核心问题。这些问题虽然经历了长时间的探讨，探讨角度涉及句法、语义等多方面，然而一直没有根本性的突破。究其原因是对存在、领有中概念义与构式义之间交互影响忽略所造成的，如果不在概念—构式界面上区分概念义、构式义、句义这三者，是无法看清这些现象的本质问题的。本书从概念—构式界面上提出的概念义与构式义交互影响的理论从本质上清晰地解释了这三个问题。

第三节 研究展望

本书提出了一种全新的语义研究视点：概念—构式界面语义研究法，并运用该方法对语言学中的核心课题"存在与领有"进行了全新的分析。这一课题的发展对于整个语言学来说有着举足轻重的作用，本书以汉语与日语为主，清晰地展现了存在与领有这一领域内概念义与构式义之间的交互影响。由于篇幅问题，本书只涉及了存在与领有领域的一部分内容，在今后的研究中还需要对以下四点进行系统考察：

第一，本书以基本语义"存在"或"领有"的动词句（"有"字句、"在"字句、ある/いる句）为中心进行了探讨，没有涉及系动词句的部分。事实上，许多语言中都存在用系动词表示"存在"的情况，如以下例句：

例句201：我往那板车一望，有石灰，有两把刷墙的扫帚，上方搁着一个小方桌，方桌上是一个猪头。二喜手里还提着两瓶白酒。（余华《活着》）

例句202：お母さんは、台所です。（金水 2002：476–477）

例句203：Mary is in the park.（岸本 2005：162）

上述三个例句是汉语、日语与英语中使用系动词表示"存在"概念的句子。这类句子在构式层面有什么特征，是否涉及概念义与构式义交互影响的情况，与其他表示"存在"与"领有"构式之间的关系是什么，这些问题在接下来的研究中需要进行进一步的系统分析。

第二，本书以汉语与日语中的存在句与领有句为主进行了研究。汉语与日语在概念义与构式义的交互影响这一问题上是两种具有代表性的语言。汉语的特点为存在用领有构式表示存在概念的情况，日语则相反，存在用存在构式表示领有概念的情况。除了这两种语言，英语也是一种极具特点的语言，英语的存在句中有一类特殊的形式，句首由没有任何语义内容的虚位成分占据，这一现象在其他语言中也是广泛存在的，如荷兰语、意大利语等。这种特殊的构式如何用本书提出的概念—构式界面研究法进行分析，其特有的语言现象（定指效应、显性非宾格现象）与汉语中的同类现象是否有相同的动因机制，这些问题也需要在今后的研究中做进一步的系统分析。

第三，在类型学视角上，Heine（1997a）认为，在世界上的语言中，领有概念的表达形式是源于一些具体的概念领域的，如与基本经验相关的动作（action）领域、方位（location）领域、伴随（accompaniment）领域和存在（existence）领域等。Heine（1993，1997）称这一描述为事件图式（event schemas）。世界上主要的语言中一共有八种事件图式，这些图式最终发展成领有构式，其中 X 表示领有者，Y 表示领有物。这八种事件图式罗列如下：动作图式（Action Schema）:"X takes Y"；方位图式（Location Schema）:"Y is located at X"；伴随图式（Companion or Accompaniment Schema）:"X is with Y"；属格图式（Genitive Schema）:"X's Y exists"；目标图式（Goal Schema）:"Y exists for/to X"；来源图式（Source Schema）[1]:"Y exists from X"；主题图式（Topic Schema）:"As for X, Y exists"；等式图式（Equation Schema）:"Y is X's（Y）"。

观察以上八种类型的事件图式，虽然表面形式迥异，但是在某一特定的方面，都可以进行归类，如在主语问题上，这些事件图式基本上可以分为两类，即领有者为主语和领有物为主语。根据本书提出的理论：概念义与构式义不一致时会发生交互影响的现象，因此构式特征中充当主语的角色如果不是领有者，就会与领有的概念义发生冲突，这类语言中的领有句中就会产生主语身份模糊的问题。再如，在谓语的种类上，这些图式中的谓语基本上可以分为三类：及物动词类（如动作图式）、be 类与 exist 类。大体上来说，及物动词类图式的特征接近于领有概念，汉语与英语便属于这一类。概念义与构式义一致，没有交互影响现象。be 类与 exist 类形式多样，虽然这两类构式的构式义都是表存在关系的，但是识解方式的不同导致存现关系的种类不同，还需要进一步深入考察。

第四，本书提出的概念—构式界面语义研究法不仅可以给"存在"与"领有"的相关问题提供一种有效的语义研究方法，还可以广泛应用于语义与形式不一致的语言现象的研究当中。与既往的语义句法界面研究不同，概念—构式界面语义研究法可以对概念意义及构式意义进行更透彻的展现，可以帮助我们认识概念层面与构式层面的交互影响以及这一影响所导致的语言现象，在今后的研究中将会进一步展开概念—构式界面语义研究法在其他语言现象领域中的应用。

---

[1] 注意区别 Source Schema 和 source schema，前者是这里讨论的来源图式，后者表示某一语法构式的结构性模版或来源，我们将前者称为"来源图式"，后者为"源图式"。

参考文献

英语文献

[1]Anderson，John M.The Grammar of Case：Towards a Localistic Theory[M]. Cambridge：Cambridge University Press，1971.

[2]Ariel，M.Pragmatics and Grammar[M].Cambridge：Cambridge University Press，2008.

[3]Barwise，John and Robin Cooper.Generalized quantifiers and natural language[J]. Linguistics and Philosophy，1981（4）：159–219.

[4]Belletti，Adriana.The case of unaccusatives[J].Linguistic Inquiry，1988（19）：1–34.

[5]Bendix，Edward Herman.Componential Analysis of General Vocabulary：The Semantic Structure of a Set of Verbs in English，Hindi，and Japanese[M]. Bloomington：Indiana University Research Center in Anthropology，Folklore，and Linguistics，1966.

[6]Burzio，Luigi.Italian Syntax：A Government-Binding Approach[M].Reidel，1986.

[7]The Semantics of Specificity[J].Linguistic Inquiry，1991（22）：1.

[8]Freeze，Ray.Existentials and other locatives[J].Language，1992（68）：3.

[9]Gu，Yang（顾阳）.On the locative existential construction in Chinese，In Proceedings of the Tenth West Coast Conference on Formal Linguistics，ed.D.Bates.Standford：The Standford Linguistic Association，1992.

[10]Hawkins.Definiteness and Indefiniteness[M].London：Croom Helm，1978.

[11]Hawkins, On（in）definite articles: Implicatures and（un）grammaticality prediction[J].Journal of Linguistics, 1991（27）: 405–442.

[12]Heim, Irene.Where does the definiteness restriction apply?Evidence from the definiteness of variables[J].In Eric Reuland and Alice ter Meulen（ed.）The representation of（In）definiteness, Cambridge, Mass: MIT Press, 1987, 21–42.

[13]Hu, J.H.（胡建华）& H.H.Pan（潘海华）, Focus and the basic function of Chinese existential you-sentences, In I. Comorovski & K.Heusinger（eds.）, Existence: Semantics and Syntax, Dordrecht: Springer, 2007, 133–145.

[14]Huang, C.T.J（黄正德）, Remarks on Empty Categories in Chinese, linguistic Inquiry, 1987（18）: 321–337.

[15]Jackendoff, Ray.Semantics and Cognition[M].Cambridge, Mass: MIT Press, 1983.

[16]Jackendoff, Ray.Semantic Structures[M].Cambridge, Mass: MIT Press, 1990.

[17]Jenkins, Lyle.The English Existentials[M].Tübubgen: Niemeyer, 1975.

[18]Kishimoto H.Subjects and constituent structure in Japanese[J].Linguistics, 2010（48）: 3.

[19]Kumashiro, Toshiyuki.The conceptual Basis of Grammar: A Cognitive Approach to Japanese Clausal Structure[D].San Diego: University of California doctoral dissertation, 2000.

[20]Kumashiro T. A Cognitive Grammar of Japanese Clause Structure[M].John Benjamins Publishing Company: 2016–07–26.

[21]Kumashiro T, Langacker W R. Double-subject and complex-predicate constructions[J].Cognitive Linguistics, 2003（14）: 1.

[22]Landman.Fred.Indefinites and type of sets[M].Oxford: Blackwell, 2004.

[23]Langacker, Ronald W.Abstract motions, Proceedings of the Annual Meeting of the Berkeley Linguistics Society, 1986a, 12, 455–471.

[24]Langacker, Ronald W.Settings, participants, and grammatical relations, Proceedings of the Annual Meeting of the Pacific Linguistics Conference,

1986b, 2, 1–31.

[25]Langacker, Ronald W.Foundations of cognitive grammar, Volume 1, Theoretical prerequisites, Stanford: Stanford University Press, 1987a.

[26]Langacker, Ronald W.Grammatical ramifications of the setting/participant distinction, Proceedings of the Annual Meeting of the Berkeley Linguistics Society, 1987b, 13, 383–394.

[27]Langacker, Ronald W.Foundations of cognitive grammar, Volume 2, Descripitive application, Stanford: Stanford University Press, 1991.

[28]Langacker, Ronald W.Clause structure in cognitive grammar, Studi Italiani di Linguistica Teorica e Applicata, 1993a, 15, 465–508.

[29]Langacker, Ronald W.Deixis and subjectivity, In S.K.Verma and V.Prakasam(ed.) New horizons in functional linguistics, Hyderabad: Booklinks, 1993b, 43–58.

[30]Li, Yafei.X0-binding and verb incorporation[J].Linguistic Inquiry, 1990（21）: 339–426.

[31]Langacker, Ronald W.Raising and transparency[J].Language, 1995b, 71: 1–62.

[32]Langacker, Ronald W.Topic, subject, and possessor, In A Cognitive Approach to the Verb: Morphological and Constructional Perspectives, Hanne Gram Simonsen and Rolf Theil Endresen（ eds. ）[J].Berlin/New York: Mouton de Gruyter, 2001（12）: 11–48.

[33]Langacker, Ronald W.Dynamic conceptualization in grammatical structure[J]. Research in Language, 2003（1）: 53–79.

[34]Langacker, Ronald W.Cognitive grammar: An introduction[M].Oxford: Oxford University Press, 2008.

[35]Langacker, Ronald W.Investigations in cognitive grammar[M].Berlin: Mouton de Gruyter, 2009.

[36]Levin, Beth, and Malka Rappaport.Unaccusativity: At the Syntax-Lexical Semantics Interface[M].Cambridge, Mass: MIT Press, 1995.

[37]Lumsden, Michael.Existential Sentences: Their Structure and Meaning[M]. London: Routledge, 1988.

[38]Lyons, John.A note on possessive, existential and locative sentences[J]. Foundations of Language, 1967（3）: 390–396.

[39]Lyons, C.Definiteness[M].Cambridge: CUP, 1999.

[40]Jackendoff, Ray.Semantics and Cognition[M].MIT Press, 1983.

[41]Michael Tomasello.The New Psychology of Language: Cognitive and Functional Approaches to Language Structure[M].Lawrence Erlbaum Associate, Inc.1998.

[42]Milsark, Gary.Existential Sentences in English[M].Doctoral dissertation, MIT, 1974.

[43]Partee, Barbara.Compositionality in formal semantics: Selected papers by Barbara H.Partee[M].Oxford: Blackwell, 2004.

[44]Perlmutter, David.Impersonal passives and the unaccusative hypothesis[J].BLS4, 1978（7）: 157–189.

[45]Pinker, Steven.Learnability and Cognition: The Acquistion of Argument Structure[M].Cambridge, Mass: MIT Press, 1989.

[46]Rando, Emily and Donna Jo Napoli.Definites in there-sentences[J].Language, 1978（54）: 300–313.

[47]Rappaport Hovav, Malkam and Beth Levin.An event structure account of English resultatives[J].Language, 2001（77）: 766–797.

[48]Rice, S.Toward a cognitive model of transitivity, Doctoral Sissertation, University of California, San Diego, 1987a.

[49]Rice, S.Towards a transitive prototype: Evidence from some atypical English passives, Proceedings of Annual Meeting of the Berkeley Linguistics Society, 1987b, 13, 422–434.

[50]Safir, Kenneth.Syntactic Chains and the Definiteness Effect[M]. Ph.D.Dissertation, MIT, 1982.

[51]Safir, Kenneth.Syntactic Chains[M].Cambridge University Press, 1985.

[52]Safir, Kenneth.What explains the definiteness effect, In Eric Reuland and Alice

ter Meulen（eds.）The Representation of（In）definiteness, Cambridge, Mass: MIT Press, 1987, 71–97.

[53]Shibatani, Masayoshi.Grammatical relations and surface cases[J].Language, 1977（53）: 789–809.

[54]Shibatani, Masayoshi.Non-canonical constructions in Japanese, In Alexandra Y.Aikhenvald, R.M.W.Dixon, and Masayuki Onishi（eds.）Non-Canonical Marking of Subjects and Objects, Amsterdam: John Benjamins, 2001, 307–354.

[55]Shibatani, M & Cotton, C.Remarks on double nominative sentences）.Papers in Japanese linguistics, 1977（5）: 261–278.

[56]Susann Fischer, Tanja Kupisch and Esther Rinke（Eds.）.Definiteness Effects: Bilingual, Typological and Diachronic Variation[M].Newcastle: Cambridge Scholars Publishing, 2016.

[57]Tsunoda, Tasaku. The possession cline in Japanese and other Languages. In Hilary Chappell and William McGregor（eds.）The Grammar of Inalienability: A Typological Perspective on Body Part Terms and the Part-Whole Relation, Berlin: Mouton de Gruyter, 1996, 565–630.

[58]Vainikka, Anne and Joan Maling.Is partitive case inherent or structural, In Jacob Hoeksema（ed.）Partitives: Studies on the Syntax and Semantics of Partitive and Related Constructions, Berlin: Mouton de Gruyter, 1996, 79–208.

日语文献

[1] 池上嘉彦.「する」と「なる」の言語学,「言語」と「文化」のタイポロジーへの試論 [M]. 東京：大修館書店，1981.

[2] 池上嘉彦.「移動」のスキーマと「行動」のスキーマ：日本語の「ヲ格＋移動動詞」構造の類型論的考察 [J]. 外国語科研究紀要，1993，41（3），34－53.

[3] 井上和子. 変形文法と日本語 [M]. 東京：大修館書店，1976.

[4] 奥津敬一郎. 生成日本書法論 [M]. 東京：大修館書店，1974.

[5] 影山太郎. 文法と語形成 [M]. 東京：ひつじ書房，1993.

[6] 影山太郎. 動詞意味論 [M]. 東京：くろしお出版，1996.

[7] 影山太郎，由本陽子. 語形成と概念構造，研究社出版，1997.

[8] 影山太郎. 形態論 [M]. 東京：くろしお出版，2001.

[9] 影山太郎. 非対格構造の他動詞—意味と統語のインターフェイス—，伊藤たかね（編）『文法理論：レキシコンと統語』シリーズ言語情報科学1，東大出版会，2002a，119－145.

[10] 影山太郎. 動作主名詞における語彙と統語の境界 [J]. 国語学，2002，53（44－55）.

[11] 影山太郎. 軽動詞構文における定性効果と意味編入，Conferencehandbook21，EnglishLinguisticSocietyofJapan，2003，49－52.

[12] 影山太郎. 存在・所有の軽動詞構文と意味編入，影山太郎，岸本秀樹（編）日本語の分析と言語類型：柴谷方良教授還暦記念論文集，2004.

[13] 影山太郎. 日英対照：名詞の意味と構文 [M]. 東京：大修館書店，2011.

[14] 岸本秀樹. 非対格性再考，丸田忠雄・須賀一好（編）日英語の自他交替 [J]. ひつじ書房，2000，71－110.

[15] 岸本秀樹. 壁塗り構文，影山太郎（編）〈日英対照〉動詞の意味を構文 [J].

大修館書店，2001，0–126.

[16] 岸本秀樹.二重目的語構文，影山太郎（編）＜日英対照＞動詞の意味を構文 [J].大修館書店，2001b，127–153.

[17] 岸本秀樹.存在・所有文の文法関係について，伊藤たかね（編）『文法理論：レキシコンと統語』シリーズ言語情報科学 1[J].東大出版会，2002，147–171.

[18] 岸本秀樹.統語構造と文法関係 [M].東京：くろしお出版，2005.

[19] 木村秀樹."有"構文の諸相および「時空間存在文」の特性，東京大学中国語中国文学研究室紀要，2011，14 号，89–117.

[20] 金水敏.S 存在表現の構造と意味 [J].近代語研究，2002（11）：473–493.

[21] 金水敏.日本語存在表現の歴史 [M].東京：ひつじ書房，2006.

[22] 久野暲.新日本书法研究 [M].東京：大修館書店，1983.

[23] 定延利之.情報のアクセスポイント，言語，2001，第 30 巻，第 13 号，64–70.

[24] 柴谷方良.日本語の分析 [M].東京：大修館書店，1978.

[25] 柴谷方良.格と文法関係 [J].月刊言語，1984，13–3，62–70.

[26] 柴谷方良.日本語の非規範的構文について，南雅彦・アラム佐々木幸子（編）言語学と日本語教育Ⅱ [J].くろしお出版，2001，1–37.

[27] 高橋太郎，屋久茂子.「～がある」の用法――（あわせて）「人がある」と「人がいる」の違い――，『国立国語研究所報告 79，研究報告集 5』，国立国語研究所，1984.

[28] 高見健一，久野暲.日英語の自動詞構文，研究社出版，2002.

[29] 田窪行則.現代日本語の場所を表す名詞類について [J].日本語・日本书化，大阪外国語大学留学生別科，1984（12）：89–117.

[30] 竹沢幸一.アルの統語的二面性――be/have との比較に基づく日本語のいくつかの構文の統語的解体の試み――，東アジア言語文化の総合的研究，筑波大学，2000.

[31] 竹沢幸一.受動文，能格文，分離不可能所有構文と「ている」の解釈，仁田義雄（編）日本語のヴォイスと他動性，くろしお出版，1991，59–81.

[32] 角田大作. 世界の言語と日本語 [M]. 東京：くろしお出版，1991.

[33] 時枝誠記. 日本书法口語篇 [M]. 東京：岩波書店，1950.

[34] 西村義樹. 行為者と使役構文，構文と事象構造，研究社出版，1998.

[35] 西山佑司. 日本語の存在文と変項名詞句 [J]. 慶応義塾大学言語文化研究所
紀要，1994（26）：115-148.

[36] 西山佑司. 日本語名詞句の意味論と語用論指示的名詞句と非指示的名詞句
[M]. 東京：ひつじ書房，2003.

[37] 沼田善子. とりたて詞，奥津敬一郎・沼田善子・杉本武（著）いわゆる日
本語助詞の研究 [J]. 凡人社，1986，105-225.

[38] 橋本新吉. 助詞・助動詞の研究 [M]. 東京：岩波書店，1969.

[39] 三上章. 文法小論集 [M]. 東京：くろしお出版，1970.

[40] 三上章. 現代語法序説 [M]. 東京：くろしお出版，1972.

[41] 三宅知宏. 日本語の移動動詞の対格標示について [J]. 言語研究，1996
（110）：143-168.

汉语文献

[1] 陈庭珍.汉语中处所词做主语的存在句,中国语文8月号,1957.

[2] 储泽祥,刘精盛,龙国富,等.汉语存在句的历时性考察 [J].古汉语研究,1997(4):13-20.

[3] 邓思颖."形义错配"与名物化的参数分析 [J].汉语学报,2008(4):72-79,96.

[4] 邓思颖."他的老师当得好"及汉语方言的名物化 [J].语言科学,2009,8(3):239-247.

[5] 邓思颖."形义错配"与汉英的差异——再谈"他的老师当得好",语言教学与研究 [J].2010(3):51-56.

[6] 范芳莲.存在句 [J].中国语文,1963(5):35.

[7] 范晓,李熙宗,戴耀晶.语言研究的新思路 [M].上海:上海教育出版社,1998.

[8] 范晓.存在句的性质、范围、分类及其相关问题 [M].北京:中国社会科学出版社,2010.

[9] 郭继懋.领主属宾句 [J].中国语文,1990(1):24-29.

[10] 顾阳.论元结构理论介绍 [J].国外语言学,1994(1):1-11.

[11] 顾阳.生成语法及词库中动词的一些特性 [J].国外语言学,1996(3):1-16.

[12] 顾阳.关于存现结构的理论探讨 [J].现代外语,1997,77(3):14-25.

[13] 韩景泉.英语存现句的生成语法研究 [J].现代外语,2001,92(2):143-158.

[14] 韩景泉.英语致使性动词的非宾格化 [J].外语教学与研究,2016,48(2),163-175,319.

[15] 韩景泉.汉语显性非宾格动词句的最简分析 [J].外国语,2016(6):12-22.

[16] 韩巍峰，梅德明.形义错配结构及其主题化分析 [J].外国语（上海外国语大学学报），2011，34（3）：21-30.

[17] 洪波，卢玉亮.领主属宾句式的来源与嬗变 [J].中国语文，2016（6）：643-656，766.

[18] 黄正德.汉语动词的题元结构与其句法表现 [J].语言科学，2007（4）：3-21.

[19] 雷涛.存在句的范围、构成和分类 [J].中国语文，1993（4）：73.

[20] 李临定.现代汉语句型 [M].北京：商务印书馆，1986.

[21] 李临定.现代汉语动词 [M].北京：中国社会科学出版社，1990.

[22] 李钻娘，罗慎仪.出现式与消失式动词的存在句 [J].语文研究，1987（3）：19-25.

[23] 刘探宙.一元非作格动词带宾语现象 [J].中国语文，2009（2）：110-119，191.

[24] 刘晓林.Jackendoff 概念语义学述评 [J].外语教学，2006（2）：12-15.

[25] 刘晓林.也谈"王冕死了父亲"的生成方式 [J].中国语文，2007（5）：440-443.

[26] 刘月华，潘文娱.实用现代汉语语法 [M].北京：外语教学与研究出版社，1983.

[27] 罗纳德·W.兰艾克.认知语法导论 [M].黄蓓，译.北京：商务印书馆有限公司，2016.

[28] 吕叔湘.中国文法要略 [M].北京：商务印书馆，1942.

[29] 吕叔湘.从主语、宾语的分别谈国语句子的分析 [M].上海：商务印书馆，1946.

[30] 马志刚.局域非对称成分统制结构、题元角色和领主属宾句的跨语言差异 [J].语言科学，2008（5）：492-501.

[31] 马志刚.移位性特征、句法操作限制与句首名词的话题和 / 或主语属性——以汉语领主属宾句和及物句为例 [J].外国语（上海外国语大学学报），2011，34（5）：2-11.

[32] 马志刚.局域非对称成分统制、移位性特征和汉语保留宾语结构的再分

析——就句末焦点说兼与潘海华、韩景泉（2008）商榷 [J]. 北京第二外国语学院学报，2013，35（2）：1-9.

[33] 苗兴伟，董素蓉. 从句法—语篇界面看语言学的整合研究 [J]. 中国外语，2009，6（3）：20-24.

[34] 聂文龙. 存在和存在句的分类 [J]. 中国语文，1989（2）：95-104.

[35] 牛保义. "对比"作为研究语言的一种方法——语言学研究方法讨论之三 [J]. 中国外语，2017，14（1）：83-89.

[36] 潘海华. 词汇映射理论在汉语句法研究中的应用 [J]. 现代外语，1997（4）：5-18.

[37] 潘海华，韩景泉. 显性非宾格动词结构的句法研究 [J]. 语言研究，2005（3）：1-13.

[38] 潘海华，韩景泉. 汉语保留宾语结构的句法生成机制 [J]. 中国语文，2008（6）：511-522，575-576.

[39] 潘文.20 世纪 80 年代以后存在句研究的新发展 [J]. 语文研究，2002（3）：48-51.

[40] 潘文国. 界面研究的原则与意义 [J]. 外国语文，2012，28（5）：1-2.

[41] 彭利贞. 从语义到语法 [M]. 北京：中国社会科学出版社，2011.

[42] 仇云龙，林正军. 语用学视角下的语法—语用界面研究综观 [J]. 西安外国语大学学报，2019，27（3）：7-11.

[43] 任鹰. "领属"与"存现"：从概念的关联到构式的关联——也从"王冕死了父亲"的生成方式说起 [J]. 世界汉语教学，2009，23（3）：308-321.

[44] 沈家煊. "王冕死了父亲"的生成方式——兼说汉语"糅合"造句 [J]. 中国语文，2006（4）：291-300，383.

[45] 沈家煊. "计量得失"和"计较得失"——再论"王冕死了父亲"的句式意义和生成方式 [J]. 语言教学与研究，2009（5）：15-22.

[46] 沈园. 句法—语义界面研究 [M]. 上海：上海教育出版社，2007.

[47] 石毓智. 语言学假设中的证据问题——论"王冕死了父亲"之类句子产生的历史条件 [J]. 语言科学，2007（4）：39-51.

[48] 束定芳. 认知语义学 [M]. 上海：上海外语教育出版社，2008.

[49] 帅志嵩 . "王冕死了父亲"的衍生过程和机制 [J]. 语言科学，2008（3）：259-269.

[50] 宋亚云 . 汉语作格动词的历时演变研究 [M]. 北京：北京大学出版社，2014.

[51] 宋玉柱 . 动态存在句 [J]. 汉语学习，1982（6）：9-15.

[52] 宋玉柱 . 定心谓语存在句 [J]. 语言教学与研究，1982（3）：27-34.

[53] 孙天琦，潘海华 . 也谈汉语不及物动词带"宾语"现象——兼论信息结构对汉语语序的影响 [J]. 当代语言学，2012，14（4）：331-342，436.

[54] 温宾利 . 当代句法学导论 [M]. 北京：外语教学与研究出版社，2002.

[55] 王建军 . 汉语存在句的历时研究 [M]. 天津：天津古籍出版社，2003.

[56] 王力 . 汉语语法史 [M]. 北京：中华书局，2014.

[57] 熊学亮 . 管窥语言界面 [J]. 外语研究，2004（4）：17-19.

[58] 熊仲儒 . 领属性致使句的句法分析 [J]. 安徽师范大学学报（人文社会科学版），2012，40（3）：359-366.

[59] 徐杰 . 两种保留宾语句式及相关句法理论问题 [J]. 当代语言学，1999（1）：16-29，61.

[60] 徐烈炯 . 汉语是话语概念结构化语言吗 ?[J]. 中国语文，2002（5）：400-410，478.

[61] 易洪川 . 汉语口语里的一种施事宾语句 [J]. 语言教学与研究，1997（4）：131-141.

[62] 俞理明，吕建军 . "王冕死了父亲"句的历史考察 [J]. 中国语文，2011（1）：32-42，95.

[63] 朱德熙 . 语法讲义 [M]. 上海：商务印书馆，1982.